邮票鉴赏投资指南

岳宗武 主编

江苏凤凰文艺出版社
JIANGSU PHOENIX LITERATURE AND
ART PUBLISHING

特48《丹顶鹤》（1962年6月10日）

2003-4《百合花》(2003年3月5日)

前　　言

誉满全球的历史学家汤恩比曾经在预言未来世界格局时说道:"19世纪是英国人的世纪,20世纪是美国人的世纪,21世纪是中国人的世纪。"这一预言轰动了全世界,由此产生的争论更是异常热烈、发人深思……

中国是世界上文明发源最早的国家之一,也是世界文明发展进程中唯一没有出现历史中断的国家,在人类发展漫长的历史长河中,创造了光辉灿烂的古代文化。尽管这些文化遗产经历了难以计数的天灾和人祸,历尽了人世间的沧海桑田,但仍旧遗留下来无数的艺术珍品。这些珍品都是我国古代先民们勤劳和智慧的结晶,是中华民族的无价之宝,是中华民族高度文明的历史见证,更是中华民族数千年文明的承载。

同时,中国的历史文物和艺术品,是世界文化的精髓,是人类历史宝贵的物质资料,反映了中华民族的光辉传统、精湛工艺和发达的科学技术,对后人有极大的感召力,并能够使人受到鼓舞、得到启迪,从而更加热爱我们伟大的祖国。

俗话说:"乱世多饥民,盛世多收藏。"改革开放使中国人民的物质生活质量得到了全面提高,更使中国艺术品投资市场日渐红火,且急遽升温,如今可以说异常火爆。艺术品投资确实存在着巨大的利润空间,这个空间让人闻之心动不已。于是乎,许多有投资远见的实体与个人(无论财富多寡)纷纷加入艺术品投资市场,成为艺术品收藏的强劲之旅,艺术品投资市场也因此而充满了勃勃生机。

艺术品有价且利润空间巨大,确实值得投资。然而,造假最凶的、伪品泛滥最严重的领域也当属艺术品投资市场。可以这样说:艺术品投资的首要问题不是艺术品目前价格与未来利益问题,而应该是真伪问题,或者更确切地说是如何识别真伪的问题!如果真伪问题解决不了,艺术品的价值与价格就无从谈起。

《专家解读艺术品鉴赏投资丛书》是国内第一套将各类艺术品的历史文化知识、时代特点、鉴别特征与现实市场投资和收藏保养技巧紧密结合的收藏类图书，是一套融知识性、实用性于一体的艺术品收藏与投资的经典读物。《专家解读艺术品鉴赏投资丛书》包含各类艺术品的基本知识、投资市场分析、投资技巧、保养技巧等方面的知识，以便读者能够更系统地掌握艺术品收藏与投资的基本知识和实用技巧。这一特征是现在市场同类书所不具备的。

《专家解读艺术品鉴赏投资丛书》是在总结和吸收目前各种版本的同类图书优点的基础上进行策划和编辑制作的，内容全面，分类科学，版式新颖，实用性强，装帧精美，价格合理，具有较强的可读性和可操作性。《专家解读艺术品鉴赏投资丛书》适宜广大艺术品收藏爱好者、国内外各类型的拍卖公司、文物公司（商店）的从业人员和具有中等文化程度以上的一般读者，同时也适用于广大中学、大学历史教师和学生学习参考使用，是各级各类图书馆和相关院校的图书馆馆配首选。

书中的不足之处，请广大读者及时反馈给我们，不胜感激！

《专家解读艺术品鉴赏投资丛书》编委会

2018 年 4 月

序

1840年世界上第一枚邮票"黑便士"诞生，集邮开始传入中国。1878年中国第一套"大龙邮票"正式发行。中国最初的集邮活动是由在华外国人收集邮票开始的，之后中国集邮开始蓬勃发展。

集邮源于邮政，是邮政建立和邮票诞生之后出现的一种世界性的群众文化活动。

集邮就是收集、整理、研究和欣赏邮票的一项大众文化活动。百余年来，集邮这项特殊的文化活动，已逐步融入中国社会经济发展和人民群众的物质文化生活当中。邮票作为一种有价证券，是由国家邮政主管部门发行的邮资凭证，具有商品属性和文化属性，被称为"国家的名片"。随着邮票的发展和时间的推移，各类邮票题材多样、图案丰富、设计精美，印刷采用防伪新工艺，使邮票脱离了单纯邮资凭证的属性，具有了较高的艺术价值和收藏价值。

随着社会的发展，人民生活水平的提高，一个投资大时代向我们走来。当前，投资项目种类很多，作为集邮者，介入邮票投资，定能取得丰硕收益。为了使广大读者及集邮爱好者和邮票投资者对中国邮票发展历程及当前邮票市场行情有一个全面的了解，应《专家解读艺术品鉴赏投资丛书》编委会的邀请，编辑了《邮票鉴赏投资指南》一书。全书参考了丰富的文献资料，系统地对邮票、集邮品作了全面的介绍。全书以中国邮票发展历程和艺术风格为线索，介绍中国邮票的发展，采用图文并茂的形式阐述邮票、集邮品的基本知识，并介绍邮票投资的方法与技巧等知识。全书彩色印刷、装帧精美、图文并茂、资料齐全，具有知识性和收藏价值，对进入邮票领域的投资者而言是一部必看的参考书。希望本书能对广大读者、集邮者、投资者有所助益。

本书在编写过程中，参考了有关中国邮票研究的相关著作，并得到多位专业人士的支持和帮助，在此表示诚挚的感谢！

作者

2020年11月于北京

目录

第一章　邮票——国家的名片

第一节　邮票的诞生 / 3

第二节　中国第一套邮票 / 6

第三节　集邮在中国逐渐开展 / 10

第四节　浅谈集邮 / 13

一、邮票的概念 / 13

二、集邮的概念 / 13

三、集邮的意义 / 16

第二章　邮票的基本知识

第一节　如何了解邮票 / 23

一、邮票的定义 / 23

二、邮票三要素 / 24

三、邮票的称谓 / 25

第二节　邮票上的知识 / 30

一、邮票的铭记 / 30

二、邮票的名称 / 31

三、邮票的图案 / 31

四、邮票的面值 / 31

　　五、邮票的齿孔 / 32

　　六、邮票的形状 / 35

　　七、邮票的背胶 / 38

　　八、邮票的暗记 / 38

第三节　邮票的分类 / 40

　　一、按邮票用途分类 / 40

　　二、按邮票形式分类 / 48

　　三、其他类别的邮票 / 60

　　四、其他集邮品——纪念张 / 69

第三章　集邮品的基本知识

第一节　信封 / 81

　　一、邮资信封 / 81

　　二、实寄信封 / 90

　　三、其他类信封 / 109

　　四、中国集邮总公司发行的信封 / 118

第二节　明信片 / 135

　　一、邮资明信片 / 135

　　二、极限明信片（MC）/ 151

第三节　邮简 / 158

　　一、普通邮资邮简（PJ）/ 158

　　二、纪念邮资邮简（YJ）/ 159

　　三、免资邮简（MJ）/ 160

　　四、民间邮简 / 161

第四节　邮资信卡 / 163

一、特种邮资信卡 / 163

二、纪念邮资信卡 / 164

第四章　中国邮票的分类

第一节　中国清代邮票 / 167

一、海关邮政邮票 / 167

二、国家邮政邮票 / 168

三、限地方贴用邮票 / 169

四、台湾地方邮政邮票 / 169

第二节　中华民国邮票 / 170

一、普通邮票 / 170

二、纪念邮票 / 171

三、特种邮票 / 172

四、附捐邮票 / 172

五、欠资邮票 / 173

六、航空邮票 / 174

七、快信邮票 / 174

八、挂号邮票 / 174

九、包裹邮票 / 174

十、军邮邮票 / 175

第三节　中国解放区邮票 / 176

一、土地革命战争时期 / 176

二、抗日战争时期 / 177

三、解放战争时期 / 178

第四节　中华人民共和国邮票 / 180

一、"纪"字头邮票（1949年10月—1967年3月）/ 180

二、"特"字头邮票（1951年10月—1966年5月）/ 181

三、"文"字邮票（1967年4月—1970年1月）/ 182

四、编号邮票（1970年8月—1973年10月）/ 183

五、"J"字头邮票（1974年5月—1991年11月）/ 184

六、"T"字头邮票（1974年1月—1991年11月）/ 185

七、编年邮票（1992年1月至今）/ 185

八、"特"字邮票 / 187

九、个性化邮票 / 188

十、贺年专用邮票 / 188

第五章　邮票的辨伪

第一节　邮票辨伪八要素 / 193

一、熟悉邮票纸质 / 193

二、确认邮票背胶 / 194

三、测量邮票齿孔 / 195

四、掌握区分邮票版别 / 196

五、分辨邮票刷色 / 201

六、比较邮票票幅 / 202

七、全面掌握邮票暗记 / 203

八、认真观察邮票上的水印 / 204

第二节　掌握识别邮票的技巧 / 206

一、假邮票的种类 / 206

二、鉴定邮票使用的工具 / 208

三、识别邮票真伪是集邮者的基本功 / 208

第三节　中华人民共和国典型邮票辨伪实例 / 210

一、纪念、特种邮票辨伪实例 / 210

二、小全张、小型张辨伪实例 / 214

三、小本票辨伪实例 / 219

第六章 浅谈邮票投资

第一节 邮票投资收益与风险 / 223
一、邮票投资的价值 / 223
二、邮票具有保值、增值功能 / 224
三、邮票投资的风险 / 226

第二节 如何投资邮票 / 231
一、邮票投资的品种 / 231
二、收集邮票的方式 / 236

第三节 掌握邮票价格变化的因素 / 241
一、邮票发行量、存世量、需求量对邮票市场价格的影响 / 241
二、邮票题材及设计、印刷水平对邮票市场价格的影响 / 242
三、"求全"的收藏观念对邮票市场价格的影响 / 243

第七章 邮票投资的方法与技巧

第一节 如何选择邮票投资 / 247
一、选择本国邮票投资必有收益 / 247
二、邮票投资可以"四小邮品"为投资重点 / 248
三、系列邮票适于长线，狠抓"龙头"邮品 / 251
四、选择投资方式，把握赢利机遇 / 252

第二节 理性投资，保持良好心态 / 254
一、认清投资风险，保持良好投资心态 / 254
二、理性投资，快乐投资 / 255
三、邮票投资忌"赌"戒"贪" / 255

第三节 邮票投资的技巧 / 257

一、邮票投资者应具备的三个条件 / 257

二、七种邮票投资方式 / 259

第四节 精心挑选邮品，谨防交易骗术 / 262

一、如何购买邮票 / 262

二、在邮票交易中谨防骗术 / 264

第八章 典型邮票市场行情趋势简介

第一节 中国人民邮政纪念、特种邮票前四个板块收益分析 / 269

第二节 T46《庚申年》邮票收益分析 / 271

一、"金猴"创造的升值奇迹 / 271

二、"金猴"典型邮票收益分析 / 272

第三节 第三轮生肖邮票收益分析 / 273

一、第三轮生肖邮票概况 / 274

二、第三轮生肖邮票几个品种的收益情况 / 276

三、小结 / 281

纪4《中华人民共和国开国纪念》（1950年7月1日）

第一章

邮票——国家的名片

邮票是作为一种国家邮政资费的凭证而诞生的有价证券，它是一种具有实用性、知识性、欣赏性、收藏性的特殊商品。邮票展示了一个国家波澜壮阔的历史画卷，展现名人、文化、艺术、科技等不同题材的画面。所以说，邮票是历史，是画卷，是艺术集锦，是一个国家的名片。邮票世界是一个博大精深的奇妙世界，它蕴含着无穷的知识和乐趣。

纪71《中华人民共和国成立十周年》（第五组）
"开国大典"（1959年10月1日）

第一节　邮票的诞生

18世纪60年代，由于蒸汽机的发明与应用，英国国内掀起了一场工业革命，完成了从以手工技术为基础的手工业到以机器生产为基础的工厂制的过渡。继英国之后，法国、美国、德国等国家相继完成工业革命，资本主义制度在这些国家占据了统治地位。

英国与其他国家的早期邮政，其资费是按邮件运递路程远近和信件纸张数量计算的，主要由收件人支付。因邮费高昂，给收件人带来沉重负担。付不起邮费的人拒收邮件、拒付邮资的现象屡屡发生，加上皇家和贵族享有邮件运递免费的特权，造成邮政连年亏损，经营难以维持。英国完成工业革命后，邮政制度与正在发展的资本主义经济之间的矛盾日益突出，改革邮政制度，改变邮政亏损状况，已成为英国当时社会的焦点。

1837年，从事教育工作的罗兰·希尔（1795—1879），一天在他住的旅馆里，看到邮差给一位小姐送来一封信。小姐接过信得知是她未婚夫寄来的，便退还给了邮差，并说："对不起，我付不起邮资。"这件事触动了罗兰·希尔，他深感向收件人收取邮资的不合理性，这是英国邮政的一个弊端。当时任英国国会议员的罗兰·希尔经过考察研究，发表了一篇题为《论邮政改革：其重要性和可行性》的文章，文章中建议

罗兰·希尔

取消邮件免费特权，大幅降低邮费，改革邮资交纳制度，实行预付邮资，并由寄信人承担；邮件不分远近，每重半盎司（约等于14克）收1便士，实行"均一邮资制"与"一便士邮资法"。他提出"以一大小恰与邮戳相等的纸片，背面涂上胶液，略润湿后将其贴在信封右上角"，作为邮资凭证。他的改革主张得到英国商民的拥护和支持。1839年8月，罗兰·希尔的邮政改革主张终于作为议案提交议会上、下两院，经过激烈辩论后获得通过。1839年9月16日，维多利亚女王批准了这个提案，并任命罗兰·希尔为财

政部邮政顾问,负责主持邮政改革工作。

为了设计好预付邮资凭证,1839年9月6日英国财政部向全国公开征集"标签"(当时还不叫邮票)设计图稿。在收到的2600多份应征图案中,5位作者的4份作品获奖。罗兰·希尔根据这4份作品,以选出的威廉·维思设计的英国女王维多利亚侧面头像图案的纪念章做原稿,用绘画颜料画了两幅邮票画稿,交查尔斯和弗雷德里克·希斯父子雕刻制版,由帕金斯·培根公司用皇冠水印纸印制。有背胶,无齿孔,以黑色为基调,下方印有"1便士"字样,所以这枚邮票也被称为"黑便士"。1840年1月10日,罗兰·希尔的建议终于得到了施行,即"一便士邮资制",人们只用一便士就可以寄一封预付邮资的信。1840年5月6日,英国正式诞生了世界上第一枚邮票——"黑便士"。从此,邮票的历史开始了。

"黑便士"

"黑便士"邮票,全张240枚(12×20),邮票规格为20mm×23mm,无齿孔,有背胶,面值为1便士,每枚邮票的左右下角用英文字母标示出所在全张的位置,左下角为竖行的字母顺序A—T,右下角为横行的字母顺序A—L,每枚的两个字母各不相同。这种组版方法十分科学。同时还发行2便士的蓝色邮票,俗称"蓝便士";另发行1便士、2便士邮资信封和邮简。为了使用方便,1841年又发行了世界上第一枚有齿孔邮票——"红便士"。

均一邮资的实施和"黑便士"邮票的发行,使英国邮件收寄量呈上升趋势,邮政亏损状况开始好转。英国邮政制度改革的成功,使欧美一些国家相继仿效,1840年至1850年,巴西、美国、法国、比利时、奥地利、瑞士、西班牙、圭亚那、维多利亚等十多个国家和地区先后发行了邮票,促进了各国邮政业务的发展。

"红便士"

欧美各国邮政制度的改革,使世界邮政跨入了新的历史时期。邮票的发明、使用和传播,为集邮的兴起提供了物质基础。

2015年是"邮票之父"罗兰·希尔诞辰二百二十周年,也是世界上第一枚邮票"黑便士"面世一百七十五周年。中国邮政于2015年12月3日罗兰·希尔诞辰二百二十周年这天,发行了"罗兰·希尔与黑便士邮票"纪念邮资明信片,以资纪念。

"罗兰·希尔与黑便士邮票"纪念邮资明信片(2015年12月3日)

2014年世界珍邮精品展官方纪念(2014年10月)

第二节 中国第一套邮票

1878年中国发行的第一套大龙邮票（1分银、3分银、5分银）（四方连）

1840年第一次鸦片战争后，中国开始逐渐进入近现代社会。世界各资本主义强国纷纷入侵。近代邮政机构也一步步取代驿站和民信局，并迅速发展。

1861年，广州海关副税务司、英国人赫德（1835—1911）赴京晋见恭亲王奕䜣时，向奕䜣建议：中国应仿照西方，兴办国家邮政，结束邮务方面的无序和竞争状态。1863年11月，清政府任命赫德为中国海关总税务司，这为赫德日后建立中国近代邮政提供了条件。

1865年8月，海关总税务司署由上海迁至北京。1866年，总税务司赫德与清政府总理各国事务衙门达成协议，将总理衙门担负各国驻华使馆的往来文件的邮递任务交总税务司署兼办，先后在北京、天津、上海、镇江等海关设立邮务处，负责邮递海关、各国驻华使馆的往来文件。

1867年3月，天津海关也设立了邮务办事处。不久，各地海关相继成立邮务办事处，这些邮务办事处已具有邮局的雏形。1878年，总理各国事务衙门同意由海关试办邮政，首先在北京、天津、上海、烟台和牛庄（今营口）五个城市海关试办。3月23日，北京、天津等处海关开始收寄华洋公众邮件。5月1日，天津海关邮局公布邮资表。1878年7月24日，中国开始发行第

天津海关外景

上海海关旧建筑外景,上海海关邮政机构曾在此办公(1878年)

一套邮票——大龙邮票,均一邮资制正式实施。从此,沿袭几千年的古老落后的通信制度被打破,新的近代邮政制度诞生了。

中国第一套邮票大龙邮票,以"龙"作为邮票的主图,正中是一条五爪飞龙,衬以云彩水浪,一套三枚,图案基本相同,邮票规格为22.5mm×25.5mm,面值用银两计算,分别为:1分银(绿色)寄印刷品,3分银(红色)寄普通信函,5分银(橘黄色)寄挂号信函,有齿孔,有背胶。邮票全张由相同数量子模组合印制而成。大龙邮票使用铜质版模,雕刻家用手工逐枚刻制。由于当时每次印刷使用的进口纸张不同,所以1878年至1885年共分三次印刷发行,每次印刷时邮票子模都重新组合,因此三次发行的邮票在子模特征、纸质等方面都有所不同,全张枚数和排列后来也有变化。

普 1.1 大龙薄纸邮票
（1878 年）

1878年第一次发行的邮票，纸质韧薄，略有透明，图幅间距约2.5mm，全张枚数为25枚（5×5），3分银有少量为20枚（4×5），习惯上称大龙薄纸邮票。

1882年第二次发行时，用纸较乱，有的薄脆易破损，因排版时每枚邮票之间的距离稍大，图幅间距约4.5mm，比第一次宽2mm，全张枚数为25枚（5×5），3分银为15枚（5×3），1分银和5分银印量较少，习惯上称大龙阔边邮票。

1883年第三次发行的邮票，纸质较厚，全张枚数为20枚（4×5或5×4），齿孔有光齿和毛齿之分，习惯上称大龙厚纸邮票。

清代邮票多用"龙"做图案，这是因为"龙"体现了至高无上的权威，

普 1.2 大龙阔边邮票（1882 年）

普 1.3 大龙厚纸邮票（1883 年）

是最高统治者的象征。关于中国第一套大龙邮票的设计者是谁，至今仍是个未解之谜。一百多年来，出现过多种推论，但都缺少直接依据。据有关专家考证，大龙邮票图案的设计者是中国人。

大龙邮票的发行，开创了中国邮票的发行历史。现在中国大龙邮票已进入世界珍邮的行列。

第一章 邮票——国家的名片

J150M《中国大龙邮票发行一百一十周年》
（小型张）（1988年7月2日）

1988年7月2日，为纪念中国第一套邮票大龙邮票发行一百一十周年，国家邮政总局发行了J150M《中国大龙邮票发行一百一十周年》（小型张）1枚，以全套3枚大龙邮票为主图，采用票中票的形式设计，首次采用七色机印制，这在邮票印制史上也是罕见的。

同时，中国邮票博物馆发行《中国大龙邮票发行一百一十周年纪念》（样票纪念张）一套3枚，以资纪念。

《中国大龙邮票发行一百一十周年纪念》（样票纪念张）（1988年7月2日）

9

第三节 集邮在中国逐渐开展

中国大龙邮票发行后,1878年至1911年中国清代海关邮政和国家邮政又陆续发行海关邮政邮票、国家邮政邮票20余套,如小龙邮票、慈禧寿辰纪念邮票、红印花加盖暂作邮票、蟠龙邮票、宣统纪念邮票等,以及普通邮票、纪念邮票、欠资邮票、快信邮票。

普2.2 小龙邮票(光齿信销票)
(1888年)

普11 红印花加盖暂作邮票(二竖连)
(1897年2月2日)

普14 蟠龙邮票(伦敦版,四方连)
(1909年)

欠资邮票

由于邮票诞生，在中国收集邮票的活动逐渐开展起来。中国最初的集邮活动，是由在华外国人开始的。19世纪40年代以后，外国人蜂拥来华，他们把欧美国家早已兴起并成为一种社会时尚的集邮活动带到了中国，影响部分中国人开始收集邮票，并

纪2 宣统纪念邮票（3枚/套）（1909年9月8日）

喜爱实寄封、收藏明信片、挂号快信收条、代封票等邮品。

中国近代邮政机构的建立，是中国几千年古老通信制度重大改革的结果，标志着西方先进的邮政通信制度进入中国。虽然清代邮政一直附属于实权落入外国人之手的海关，清代邮票的设计权也一直掌握在外国人手中，但是邮票的图案内容、设计风格却具有传统的中华民族文化特色。

集邮是一项以收集、鉴赏邮票为主的世界性文化活动。它是随着邮票的

普14 蟠龙邮票（信销票）

诞生首先在欧洲兴起，并由外国来华人员传播到中国的。一些懂得集邮、供职于中国海关的外国人，利用职务之便，极力搜集并收藏清代邮票珍品和实寄封，有的对清代邮票进行研究，并将研究成果公之于世，留下了中国早期邮票的重要史料。

由于受到在华外国人集邮活动的影响，19世纪90年代，少数与外国人经常接触的中国知识分子也模仿外国人开始集邮，使这项文化活动同中国的传统文化活动相融合，从此开始书写中国人的集邮历史。

清代末期，中国集邮人数逐渐增多，邮票商人的出现为中国集邮事业的发展奠定了基础。

20世纪20年代是中国集邮活动的繁荣发展时期。其主要标志是，中国集邮者成立了自己的集邮组织，以中华邮票会、新光邮票研究会、甲戌邮票会三大邮会为代表，中国集邮已进入有组织的发展时期；收藏、研究领域已大大扩展，邮展开始出现，集邮研究水平显著提高，出现了一大批收藏丰富、邮识精深的集邮家，他们为中国集邮事业的发展做出了贡献。

中华邮票会会长周今觉（1925年）

中国邮商公会主席陈复祥（1936年）

集邮家张包子俊（1935年）

集邮家赵善长（1935年）

第四节　浅谈集邮

一、邮票的概念

邮票作为一种有价证券，由国家（或地区）邮政主管部门发行，供寄递邮件贴用的邮资凭证，具有商品和文化两种属性，被人们称为"国家的名片"。时至今日，全世界已有230多个国家和地区发行邮票，邮票家族日益壮大。

自1840年5月6日世界上第一枚邮票诞生至今已有170多年之久，随着邮票的不断发展和时间的推移、邮票图案的日益丰富、美术设计的日趋精致和邮票印制技术的不断改进，邮票除了具有邮资凭证的属性，还具有较高的艺术和收藏价值。

2010-15《第十届世界旅游旅行大会》（J）
（2010年5月25日）

《苏联人民音乐家——格林卡》（1957年）

二、集邮的概念

集邮是随着邮票的出现而兴起的一项集收藏、欣赏、研究于一体的文化活动。"集邮"一词来源于希腊文"爱好"与"凭证"，1865年为法国人埃尔潘所创造，即"爱好邮票"之意。集邮最初只是对邮票的收集，现在已扩展到以邮票为主体，包括与邮票及邮政有关的邮品，如各种封、片、戳、卡等的收集、整理、鉴赏和研究。

汉口寄德国的实寄明信片（1898年）
（贴红印花加盖大字票2枚，蟠龙邮票1枚，香港邮票4枚）

集邮是一项有益的大众文化活动。集邮活动虽然仅有一百多年的历史，但集邮爱好者遍及世界各地，人数之多，社会阶层之广，都是其他文化艺术品收藏活动无法相比的。在世界各类收藏活动中，集邮的人数最多。据估计，目前全世界集邮爱好者已超过一亿人。其中，不少集邮者是世界名人，例如美国前总统罗斯福，苏联著名生理学家巴甫洛夫，我国伟大的文学家鲁迅、著名戏剧家夏衍等。

天津邮票会成立一周年纪念卡（1941年）

20世纪20年代初，我国的集邮活动开始繁荣发展。我国的集邮活动以上海为中心，由沿海城市逐步向内陆城市发展。集邮人数明显增多，在收集华邮珍品、研究邮学、组织邮会活动、撰写集邮论文和普及集邮知识等方面，集邮者都做出了巨大贡献，为开创我国集邮之路迈出了坚实的第一步。

中华人民共和国成立后，20世纪50年代中期，集邮广为普及，集邮活动呈现空前的繁荣，成为丰富人民文化生活、提高群众文化素养、安定社会的积极因素。在国家邮政部门的支持，集邮爱好者的不懈努力，以及老一辈、新一代邮人的执着追求下，中华人民共和国的集邮事业有了一个良好的开端。"文革"对中国集邮活动的破坏是空前的，但是深受群众喜爱的集邮具有顽强的生命力。党的十一届三中全会以来，随着我国改革开放事业的不断推进，经济、文化获得前所未有的发展，人民群众的集邮活动也如雨后春笋般开展起来。1982年中华全国集邮联合会成立，加强了对集邮活动的组织和引导，促进了广大集邮爱好者和集邮家的联系与交流，推动了集邮事业的发展。随后，全国各省、自治区、直辖市及基层单位均成立集邮组织，使我国的集邮事业从封闭走向开放，从复苏走向发展，我国的集邮活动得到蓬勃发展。目前全国有集邮爱好者2000多万人，我国成为世界集邮大国。

中华全国集邮联合会第一次代表大会（1982年）

三、集邮的意义

改革开放以后，我国的集邮活动得到了蓬勃发展，全国各地相继成立了各级集邮协会，集邮队伍不断壮大，开展了形式多样的集邮活动，传承和发展了集邮文化，促进了我国集邮事业更加繁荣和发展。集邮活动如此精彩，如此受到人们的喜爱，它究竟有什么迷人的魅力呢？集邮的意义何在？

中华全国集邮联合会第二次代表大会（1986年）

1. 邮票是历史，是画卷，是艺术集锦，是知识的海洋，是一本丰富多彩的百科全书

1989年中华全国集邮展览

邮票是"国家的名片"，它生动地反映了一个国家的政治、经济、军事、外交、文化、艺术、自然、科技、教育、体育、环保、地理、历史、建设等领域的各种事物。由于邮票内容丰富、包罗万象，因此，人们称邮票是"方寸小天地，知识大海洋"。邮票不仅是我们认识祖国、了解世界的窗口，还是配合我们学习的一种形象直观的教材。集邮可以丰富知识，增长才智，帮助我们开阔视野，提高文化素养。

2. 邮票是一部重大历史宣传纪念册，寓教于乐，使我们从中受到爱国主义和革命传统教育

当我们打开集邮册，在纪念邮票系列中，建党、建军、中华人民共和国成立、社会主义建设等一系列伟大历史题材的邮票，让我们全面了解我国的历史，使广大集邮者受到爱国主义和革命传统的教育。如果我们搞专题集邮展，通过选题结合历史资料，能使我们更加了解中国历史，增长知识。所以说，在邮票这个五彩缤纷的世界中，有取之不尽的知识，邮票世界是我们了解、学习、研究、增长知识的大库房。

3. 邮票是精美的小型艺术品，通过欣赏邮票，可以陶冶情操，得到美的享受和艺术熏陶，促进身心健康

一本邮集就是一本精美的画册，枚枚邮票都是经过美术家、邮票设计家精心构思、认真绘画、巧妙设计后印制而成的精美艺术品。当你欣赏历代字画、古典文学、名人名画和各种工艺品题材的邮票时，你会为动人的艺术形象、美妙的艺术造型所陶醉；当你观赏戏剧、舞蹈、杂技和体育邮票时，你会乐在其中，提高自身的艺术鉴赏水平。

4. 集邮具有知识性、趣味性和娱乐性，集邮者在长期的集邮过程中可以获得无穷的乐趣

收藏邮票就是了解历史，了解社会。在我国每年发行的纪念邮票、特种邮票计划中，一年当中的重大纪念活动都发行邮票，使广大集邮者增长了知识。当你买到新邮票或补到缺票及觅到难寻的邮票时，你会感到格外兴奋；当你在邮市上"捡漏"或邮票升值时，你会异常惊喜；当你辨别邮票真伪、看到邮票暗记时，你会感到满足；当你观赏到发光、香味、压凸、发音、镂空、刮擦等特殊工艺邮票时，你会感到新奇；当你的邮集参加邮展并获得奖项时，你会感到自豪。所以说，集邮可以给人带来趣味和乐趣，给人带来快乐，促进身心健康。

邮票上的科学文化知识竞赛（1987年）

2004-21《鸡血石印》(T)（2004年9月17日）
（压凸印制）

2000-24M《君子兰》(T)（2000年12月12日）
（镂空小全张）

2015-12
《感恩父亲》(T)
（2015年6月13日）
（刮擦邮票）

2013-11
《感恩母亲》(T)
（2013年5月11日）
（刮擦邮票）

5.通过集邮，可以培养集邮者认真、仔细、爱整洁、有耐心的良好习惯和坚强的意志

　　邮票是一种小型纸制品，集邮者在收集、整理、交换、编集、参展、欣赏等活动过程中，邮票、邮品极易被损坏、污染和丢失。因此，集邮者务必要认真、细致地整理各类邮品，要有耐心，久而久之，就可以形成良好的工作作风和生活习惯。集邮要想出成果，就必须数十年如一日地坚持和努力，只有这样才能获得丰硕的集邮成果，从而培养坚强的意志和毅力。

6. 集邮是交流的平台和友谊的桥梁

集邮者通过相互间的交换、调剂余缺，不仅可以丰富藏品，增长邮识，而且还能结交众多邮友。集邮者之间的信息传递、邮识交流、邮品交换、经验介绍等集邮交流活动，既可互通有无、丰富藏品，又可了解邮市动态、邮票信息，提高集邮水平。通过集邮活动，集邮者不仅能交到许多新朋友，而且随着彼此间的不断了解，还能逐渐找到生活中的挚友。

中国人民革命战争时期邮票发行
六十周年学术讨论会（1990年）

中华全国集邮联合会编辑出版的
集邮学术论文集

7. 集邮也是一种资金储备方式，可以积累财富

邮票不仅是邮资凭证，也是一种有价证券，可以储存、转让。邮票是一次性的印刷品，印制数量有限，随着时间的推移而不断消耗，逐年减少。与此相反，集邮者、投资者则不断增加，市场需求量也不断增大。因此，大多数邮票，尤其是题材好、印刷量少的邮票，如生肖邮票、小型张邮票、小版张邮票会逐年增值，有的身价已经增长数倍。从长远来看，收集邮票可以得

到一笔可观的财富，也是一种资金储备方式。"集邮创造财富"是广大集邮者认可的一条真理。

8. 集邮是投资理财的新趋势

改革开放使中国老百姓的经济生活发生了翻天覆地的变化。人们的生活水平提高了，对集邮者来讲，能购买、收藏大量邮票。邮票投资是一个明智的选择。2000年以来，各类邮票增值空间较大，邮票投资的升值效益有了一个飞跃。如全套老纪特邮票（含小型张）1992年市场价1.2万元，到2015年市场价50万元，升值约41.6倍；"文"字邮票1992年市场价4000元，到2015年市场价18万元，升值45倍；编号邮票1992年市场价400元，到2015年市场价2.3万元，升值57.5倍。所以说，集邮者用邮票进行投资理财会有获得重大收益的可能。

T28《奔马》（1978年5月5日）

注：T28《奔马》邮票，面值3元，1992年市场价90元，2015年市场价450元，升值5倍。

纪6《中华人民共和国开国一周年纪念》（1950年10月1日）

第二章

邮票的基本知识

邮票图案丰富多彩，它能反映出世界各国政治、经济、文化、历史、艺术等多方面动态。邮票的题材广泛，涉及动物、植物、文化艺术、宇宙航天、人物、节日等，几乎无所不包。邮票以它精美的画面和丰富的内容，吸引了世界上数以亿计的集邮爱好者。

　　一枚小小的邮票，内含丰富的知识。本章将重点介绍邮票三要素、邮票的称谓，以及构成邮票的八大要素、邮票的分类等内容，使读者全面了解邮票，提高鉴别邮票的能力。

纪86《第26届世界乒乓球锦标赛》（1961年4月5日）

第一节 如何了解邮票

邮票迎合了人与人之间互通信息的需求，所以它是近代邮政通信事业发展的产物。19 世纪 40 年代，罗兰·希尔将世界上第一枚邮票——英国的"黑便士"——带到了这个世界，改写了世界邮政通信的历史，促进了世界文明的发展，从而形成了全球第一大收藏爱好——集邮。

邮票深受世界各地集邮爱好者的喜爱。在世界邮票目录中的邮票达 30 多万种，而各国每年发行的邮票也有 1 万种左右。中华人民共和国成立以来，国家邮政部门共发行了 1000 多套邮票，有 3000 多个图案。每年发行大约 30 套共 100 多枚新邮票，深受广大集邮者的欢迎。

一、邮票的定义

由国家邮政部门发行的邮资凭证，称为邮票。邮票的功能有三个：第一，由寄件人将邮票贴在邮件上，起到证明缴纳邮资的作用，这是邮票最基本的功能；第二，邮票是精美的小型艺术品，是微型的"百科全书"，它生动地反映出一个国家的政治、经济、外交、

J2《中华人民共和国成立二十五周年》（第一组）
（1974 年 10 月 1 日）

文化、艺术、科教、体育等领域的各种事物，发挥其小型宣传品、艺术品的作用；第三，邮票进入集邮领域后，便成为收藏品，是一种特殊的商品。邮票不仅是邮资凭证，也是一种有价证券，可以储存、转让。集邮也是一种投资，可以积累财富。

普选　　　　　　　庆祝全国人民代表大会

纪29《中华人民共和国第一届全国人民代表大会》
（1954年12月30日）

二、邮票三要素

邮票的诞生，促进了国家邮政通信事业的发展。一枚邮票应具备三个要素。其一，有主题及名称。设计任何一套（枚）邮票时，必须确定主题及名称。如纪29这套邮票是为纪念中华人民共和国召开第一届全国人民代表大会这个主题而设计的纪念邮票，这套邮票的名称为《中华人民共和国第一届全国人民代表大会》，一套2枚。而且每枚邮票还有小标题，如第一枚标题为"普选"，第二枚标题为"庆祝全国人民代表大会"。其二，有邮票图案。如纪29第一枚小标题是"普选"，其图案为一名中国公民在投票；第二枚小标题是"庆祝全国人民代表大会"，其图案为全国各族人民欢庆第一届全国人民代表大会召开的场面。其三，邮票上有国名或国家邮政部门的名称及邮票面值。1991年11月19日以前发行的纪念邮票、特种邮票、普通邮票，包括"纪""特"字头邮票、"文"字头邮票、编号邮票、"J""T"字头邮票，其国家邮政部门名称为"中国人民邮政"。自1992年国家发行编年邮票开始，邮票上的国家邮政部门名称及国名调整为"中国邮政"及"CHINA"。除此之外，邮票上还要标注面值，以人民币"元"或"分"为单位。1955年3月以前发行的邮票，其面值是人民币旧币值；1955年3月以后发行的邮票，其面值是人民币新币值。

三、邮票的称谓

邮票题材广泛,图案五彩缤纷,深受集邮者的喜爱。作为一名集邮爱好者、邮票投资者,必须对邮票的票面、数量等方面的基本术语有所了解。

1. 邮票票面术语

(1)票面:指邮票正面。印有国名及邮政标记、邮票面值、相关图案、文字、边饰等。

(2)主图:指邮票图案中心内容。如T35邮票

T35《金鸡》(1979年1月25日)

图案为"金鸡"。早期邮票(尤其是普通邮票)多以人像、纹章、面值数字为主图。现代邮票的主图,一般多是表现各国政治、经济、地理、历史、科学、文化、自然风光、珍贵动物和植物等内容。

(3)图幅:指单枚邮票票面图案的面积。用图案的边框线长来计量,长度单位为毫米(mm)。横形或直形邮票的表示方法为水平边框线的长度×垂直边框线的长度。如J2的图幅为60mm×27mm,表示邮票图幅的宽是60mm,高是27mm。三角形邮票的表示方法为两腰的边框线长度和底边边框线长度。如纪10《保卫世界和平》(第二组)的图幅为37mm和52mm,中间不用"×"相连,表示邮票的图幅是37mm和52mm。

纪10《保卫世界和平》(第二组)(1951年8月15日)

（4）票幅：指单枚邮票的大小，也就是邮票的面积，以一侧齿边到另一侧齿边的长度来计量。票幅的表示方法与图幅的表示方法相同。没有边框线的邮票，图幅和票幅的面积一致。一般邮票的票幅总是大于图幅。早期邮票因无齿孔或齿孔不规则，邮票规格多以图幅的数值来表示。近代邮票规格较稳定，图案设计也基本固定在边框线内，所以邮票规格采用票幅的数值来表示更为适宜。1960年以前发行的邮票，其邮票规格是邮票图案尺寸，使用"图幅"来表示；1960年以后发行的邮票，其邮票规格是邮票实际尺寸，使用"票幅"来表示。

世界上票幅最大的邮票是1979年马绍尔群岛发行的一枚邮票，票幅为160mm×110mm；票幅最小的邮票是1856年德国北部梅克伦堡·施普伦贝梅发行的邮票，票幅仅为9mm×9mm。

（5）面值：指在邮票票面上显示出的邮资金额及货币单位。邮票的面值和售价在发行初期一般相等。购买附捐邮票应交附加费。无齿邮票、小全张的售价与邮票面值不相等。

（6）志号：指邮票类别及顺序编号。中华人民共和国邮票上的志号有以下含义：以1951年发行的纪10《保卫世界和平》（第二组）400圆为例，左下角印有"纪10.3-1"志号，"纪10"中的"纪"为票种标志，表示纪念邮票，"纪10"中的"10"为套号，表示全套邮票的编号顺序是中华人民共和国纪念邮票的第10套；"3-1"中的"3"表示全套邮票共3枚，"1"为图号，表示这枚邮票为全套3枚中的第1枚。右下角印有"（60）"为总图号，表示这枚邮票为纪念邮票编号中的第60枚。又如T35《金鸡》，左下角印有"T35（3-1）"，表示是中华人民共和国"T"字头特种邮票第35套，全套邮票共3枚，这是第1枚。右下角印有"1978"，表示这套是1978年发行的（实际发行时间为1979年）。再如2000-22（2-1）《中国"神舟"飞船首飞成功纪念》左下角印有"2000-22"表示中华人民共和国编年邮票的志号，为2000年第22套邮票；右下角印有"（2-1）J"，表示这套邮票一套2枚，这是第1枚；"J"代表这套邮票是纪念邮票。

这种在邮票下方印有志号的表示法是我国首创，它为广大集邮爱好者收集、整理邮票提供了方便。1967年至1970年发行"文"字邮票时,志号被取消。1970年至1974年发行的编号邮票,只在邮票左下角印有邮票顺序编号,右下角印有发行年份。到1974年发行"J""T"字头邮票时又恢复使用新志号,但取消了邮票总图号。

2. 邮票数量术语

(1)枚:邮票数量最小计量单位。又称单枚邮票。

(2)连票:指邮票与邮票之间没有分开而连接在一起的邮票。"双连"是指两枚相连在一起的邮票。按连接方向可分为横双连(如T43《西游记》)和直双连。"四方连"是指由四枚邮票呈"田"字形相连在一起的邮票,如T29《工艺美术》。"大方连"是指由四枚以上邮票,至少两排或两列邮票相

T43《中国古典小说——〈西游记〉》(横双连)

T29《工艺美术》(四方连)

编号邮票86-90《儿童歌舞》(1973年6月1日)(连印票)

J47《中华人民共和国成立三十周年》(第四组)
(1979年10月1日)(四方连印票)

T7《武术》(第六枚)(1975年6月10日)
(对倒票)

2000-22《中国"神舟"飞船首飞成功纪念》(2000年11月20日)(对倒票)

连在一起的形式，通常有六方连、九方连、十六方连、二十方连等。

（3）连印票：指两枚或两枚以上相连的邮票，其图案、颜色、面值等各不相同，各枚邮票间用齿孔分开，又称"条幅式连票"。连印票有横连印、竖连印和四方连印三种形式。连印票，如编号邮票86-90《儿童歌舞》；四方连印票，如J47《中华人民共和国成立三十周年》(第四组)。

（4）对倒票：指以连票形式将两枚相同邮票颠倒排列印制而成的邮票。其邮票图案和文字呈一正一倒颠倒排列，是连票的一种特殊形式。对倒票最早由法国发行。我国最早的对倒邮票是1894年大清国邮政发行的纪1慈禧寿辰纪念邮票，其中9分银一种有部分印制成对倒邮票。中华人民共和国1951年发行纪10《保卫世界和平》(第二组)三角形邮票，印制使用对倒票。1975年发行T7《武术》特种邮票，印制使用对倒票。2000年发行2000-22《中国"神舟"飞船首飞成功纪念》三角形邮票，印制使用对倒票。

（5）副票：指与邮票同时印制的在同一全张上的票形图案。副票印有与邮票主题相关的图案和文字，但无邮政标记和邮票面值，不能作为邮票使用。如个22《中国共产党党徽》个性化服务专用邮票，左侧为主图，右侧为副票。

（6）套：邮票的计量单位。一般邮政部门每年制订的邮票发行计划均以"套"为单位。每套可由一枚或多枚邮票组成。如《儿童歌舞》一套由5枚邮票组成。

个22《中国共产党党徽》个性化服务专用邮票

（7）张：邮票的计量单位。邮票在印制时，不是一枚一枚地印制，而是把单枚邮票设计数枚印在一张纸上，这种单位称为"张"。邮局出售的整张邮票，俗称"整版邮票"。以前整版邮票由40枚、50枚、80枚组成；自2000年以后，整版邮票由16枚、20枚组成，并印制10枚以下的小版张。

2003-25《毛泽东同志诞生一百一十周年》（2003年12月6日）（小版张）

第二节 邮票上的知识

任何一枚邮票都是由八大要素构成的,包括铭记、名称、图案、面值、齿孔、形状、背胶、暗记等。

一、邮票的铭记

邮票票面上表示发行该邮票的国家（或地区）的铭记,一般都以文字、缩写字母或特殊记号来表示。英国早期发行的邮票以国家元首头像为标志,现以英国女王侧面头像剪影为标志。苏联、朝鲜、日本的邮票,都用缩写字母表示该国国名。

苏联邮票

朝鲜邮票

日本邮票

大清国邮政

中国人民邮政

中国邮政

中华民国邮政

"大清国邮政""中华民国邮政""中国人民邮政""中国邮政"四种邮票铭记

有的国家不同时期的邮票铭记是有变化的。以我国为例,就有"大清国邮政""中华民国邮政""中国人民邮政""中国邮政"等变化。

二、邮票的名称

在邮票票面上表示该邮票名称的文字,表明该邮票的发行目的。如纪41邮票一套4枚,每枚邮票票面上都印有"中国人民解放军建军三十周年"。另外,每枚邮票都要有小标题,如纪41中,4-1名为"南昌起义",4-2名为"井冈山会师",4-3名为"八路军东渡黄河",4-4名为"解放南京"。

纪41《中国人民解放军建军三十周年》

每套邮票都应有名称,每枚邮票都应有小标题。

三、邮票的图案

指邮票票面上的图文,包括主图、边饰和边框、国名标记或地名标记、邮政标记、邮票面值及反映邮票发行目的的文字、志号等内容。如纪41纪念邮票,一套4枚,分别用南昌起义、井冈山会师、八路军东渡黄河、解放南京四幅画面,通过精美的图案来纪念中国人民解放军建军三十周年。

世界各国(地区)的早期邮票图案都比较简单。随着社会的发展,当今世界各国(地区)都把本国(地区)在政治、经济、文化艺术、科学技术、自然风光、历史、地理、名胜古迹、珍稀动植物、体育等各方面最有代表性的内容展现在这方寸的邮票图案上,受到广大集邮爱好者的喜爱。

四、邮票的面值

邮政业务包括邮寄平信、挂号信、航空信、包裹等。不同的邮件,寄往地区不同,邮件重量不同,所以邮资也不相同,这就需要使用不同面值的邮

2007-32《第29届奥林匹克运动会——竞赛场馆》
（J）（2007年12月20日）

票。以2007-32邮票为例，该套6枚邮票共有三种面值：贴80分邮票为本市平信；贴1.20元邮票为外地平信；本市挂号信为3.80元，贴80分与3元邮票各一枚；外地挂号信为4.20元，贴1.20元及3元邮票各一枚。因邮票第一功能是用于寄信，所以票面上印上面值是必然的。

但是在邮票上也有无面值的特例，特别是在早中期邮票中，这种现象屡见不鲜。这与当时邮政资费的不稳定或资费的单一性有关。解放战争时期解放区邮票中就有"平""机""快""稿"字无面值邮票。根据统计，从1975年到1994年底，世界上有14个国家（地区）发行了无面值邮票，主要发生在国家转换货币时期或通货膨胀严重时期。

五、邮票的齿孔

整版邮票为了便于分成单枚邮票，在整版邮票的各枚邮票之间，用打孔机打出的空洞称为孔。分撕后，单枚邮票边缘凹进的半圆形部分也称为孔；凸出的部分称为齿，合称齿孔。齿孔的形式分为圆形齿孔、异形齿孔、无齿等。我国发行的邮票一般是圆形齿孔。为了防伪，我国自1998年6月27日发行1998-15《何香凝国画作品》特种邮票起，首次采用一种新型的异形齿孔，在齿孔线中部打上椭圆形长孔。

1998-15《何香凝国画作品》（T）
（1998年6月27日）
（异形齿孔）

1840 年发行的世界上首枚邮票"黑便士"是没有齿孔的,称为"无齿票",出售时必须用剪子剪开,很不方便。直到 1854 年英国发行"红便士"邮票时,才首次出现打齿孔的邮票。

测量齿孔是研究邮票的一项重要内容。齿孔度数、齿孔差异是鉴别邮票真伪、区分邮票版别和印次、考证邮票发行年代的重要依据。

1. 齿孔度数

表示齿孔密度的量度,以度为单位。其测量方法是以 20mm 内有多少齿

纪 5《保卫世界和平》(第一组)(1950 年 8 月 1 日)(P14)

编号邮票 7《严惩入侵之敌》
(1970 年 11 月 1 日)(P10)

T68《紫貂》(1982 年 6 月 20 日)(P11.5)

2001-特 2《北京申办 2008 年奥运会成功纪念》
(2001 年 7 月 14 日)(P13)

2006-18《金银器》特种邮票
(2006 年 6 月 20 日)(P13.5×13)

和孔的数量来表示。1个齿和1个孔合称为1度,单个齿或单个孔称为1/2度,齿孔度数用P标明。如果一枚邮票在20mm内有10个齿和10个孔,则齿孔度数为10度,用P10表示。如果是12个齿和11个孔,或11个齿和12个孔,则齿孔度数为11.5度,即P11.5。从邮票图上可以看出,纪5《保卫世界和平》(第一组)的齿孔度数为14度,编7《严惩入侵之敌》的齿孔度数为10度,T68《紫貂》的齿孔度数为11.5度,2001-特2《北京申办2008年奥运会成功纪念》的齿孔度数为13度,2006-18《金银器》的齿孔度数为13.5×13度。这种测量齿孔度数的方法是1866年由法国集邮家勒格拉首先提出的,一直沿用到现在。我国邮票的齿孔度数大部分为11度、11.5度、12.5度、14度等。通常的齿孔度数在8～14度之间。齿孔度数分为单式齿孔度数和复式齿孔度数。

单式齿孔度数指邮票四边的齿孔度数相同,此种齿孔度数最常见,我国大部分邮票都是单式齿孔度数。

复式齿孔度数指邮票上下两边(横边)与左右两边(直边)的齿孔度数不同。复式齿孔度数的表示方法为水平齿孔度数×垂直齿孔度数。如2006-18《金银器》的齿孔度数为13.5×13度,表示这套邮票水平齿孔度数是13.5度,垂直齿孔度数是13度。

2. 齿孔的测量方法

简单测量,用一把直尺就可以。测量在20mm内有多少齿和孔,就能测量出邮票的齿孔度数。还可以使用专用工具量齿尺来测量邮票的齿孔度数。量齿尺有模拟式和射线式两种。模拟式量齿尺上面印有一系列20mm宽的模拟票边或圆点行列,上面注有齿孔度数字作为标尺,量程为8～14度。使用时将邮票的齿孔与各行标尺比较,吻合时即可知道齿孔度数。射线式量齿尺在垂直方向印有一系列放射状直线,在水平方向印有一系列平行线,并注有20mm内与射线交点的个数作为标尺,量程为8～14度。使用时,只需

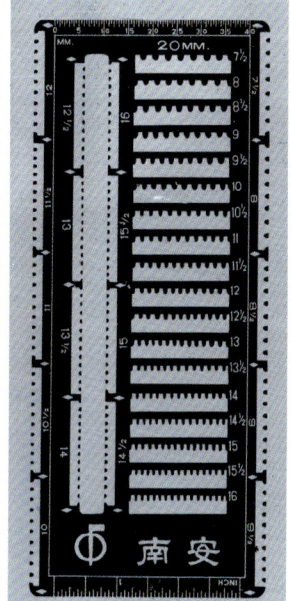

量齿尺

找到邮票的齿孔间距与射线间距相同的位置，即可测定齿孔度数。

3. 齿孔的种类

根据邮票齿孔的形态，齿孔主要可以分为以下几类。

（1）光齿：邮票经过打孔后，齿孔中的圆形纸屑完全脱落，孔洞边缘光洁清晰。

（2）毛齿：邮票经过打孔后，齿孔中的纸屑没有完全脱落，孔洞边缘不光洁，分撕后齿尖呈毛状。一般与纸张的质量或齿针的利钝有关。

（3）盲齿：邮票经过打孔后，因孔针短钝等，造成只有印痕、纸屑未脱落、孔不通透的现象。

（4）无齿：根据印制邮票的条件或印制要求，邮票四周没有齿孔。

（5）异形齿孔：指在邮票上打上除圆形齿孔以外的其他形状的齿孔，如椭圆形孔、菱形孔、矩形孔、六角形孔等。我国为了提高邮票防伪能力，从1998年开始已发行了多种不同类型的异形齿孔邮票，如第三轮生肖邮票采用六角形异形齿孔。许多邮票采用椭圆形异形齿孔。

2011-1《辛卯年》（T）（2011年1月5日）
（六角形异形齿孔）

2015-22《人工全合成结晶牛胰岛素五十周年》（J）
（2015年9月17日）（椭圆形异形齿孔）

六、邮票的形状

邮票的形状是指邮票的外形，通常邮票的票形是矩形的。为了表示不同题材，邮票的形状也是多种多样的。

1. 矩形邮票

矩形是世界上最常见的邮票形状，有竖式长方形和横式长方形两种。

2. 正方形邮票

2010-18《中国航海日》（J）
（2010年7月11日）
（正方形邮票）

邮票四边长度相等，呈正方形，为正方形邮票。1852年德国发行了世界上第一套正方形邮票。1888年，大清台湾邮政局发行的《龙马图》邮票是中国最早发行的正方形邮票。我国发行的2010-18《中国航海日》邮票为正方形邮票。

3. 圆形邮票

2007-26《FIFA 2007年中国女足世界杯·会徽》（T）
（2007年9月10日）（圆形邮票）

呈圆形的邮票为圆形邮票。1963年汤加首先发行圆形邮票。我国发行的2007-26《FIFA 2007年中国女足世界杯·会徽》邮票为圆形邮票。

4. 三角形邮票

呈三角形的邮票为三角形邮票，包括正三角形、倒三角形、等腰三角形、直角三角形等形状。最早发行的三角形邮票是1853年非洲好望角发行的三角形邮票。我国于1951年首次发行三角形邮票，为纪10《保卫世界和平》（第二组），一套3枚。2000年发行的2000-22《中国"神舟"飞船首飞成功纪念》邮票，一套2枚，为等边三角形邮票。

纪10《保卫世界和平》（第二组）
（1951年8月15日）（三角形邮票）

2000-22《中国"神舟"飞船首飞成功纪念》
（J）（2000年11月20日）
（等边三角形邮票）

第二章 邮票的基本知识

5. 菱形邮票

呈菱形的邮票为菱形邮票,包括正菱形、横菱形、直菱形等形状。1951年加拿大的新不伦瑞克最早发行了菱形邮票。我国发行的2006-20《中非合作论坛北京峰会》邮票为菱形邮票。

2006-20《中非合作论坛北京峰会》(J)
(2006年11月3日)(菱形邮票)

6. 扇形邮票

呈扇形的邮票为扇形邮票。我国于2016年首次发行的扇形邮票为2016-10《二十四节气(二)》,一套6枚。

2016-10《二十四节气(二)》(T)(2016年5月5日)(扇形邮票)

7. 平行四边形邮票

呈平行四边形的邮票为平行四边形邮票。我国发行的2012-6《亚洲—太平洋邮政联盟成立五十周年》邮票,一套1枚,为平行四边形邮票。

2012-6《亚洲—太平洋邮政联盟成立五十周年》(J)
(2012年4月1日)(平行四边形邮票)

8. 多边形邮票

呈多边形的邮票为多边形邮票,包括正多边形和不规则多边形形状。1866年比利时发行了正六边形邮票,1898年土耳其发行了八边形的军用邮票。我国发行的2007-32M《第29届奥林匹克运动会——竞赛场馆》(小型张)为五边形邮票。我国发行的2010-21《广州2010年亚洲残疾人运动会》邮票为六边形邮票。

2007-32M《第29届奥林匹克运动会——竞赛场馆》
(小型张)(2007年12月20日)(五边形邮票)

9. 异形邮票

呈任意形状的邮票为异形邮票。1984年塞拉利昂最先发行本国地图图形邮票，打破了邮票印制的常规，出现了不规则形状的异形邮票。随后又发行钻石形、咖啡果形、雄鹰形、盾牌形、花卉形等异形邮票。汤加发行了硬币形、勋章形、奥运会环形等五花八门的异形邮票。异形邮票是单枚冲压成型，涂有特制背胶，邮票背面附有衬纸。日本发行的《月季花》为异形邮票。

2010-21《广州2010年亚洲残疾人运动会》(J)
（2010年9月3日）（六边形邮票）

七、邮票的背胶

为了便于邮票粘贴，在邮票背面涂刷的胶层称为背胶。使用时，用水沾湿背胶，即可将邮票粘贴在邮件上。背胶

《月季花》（日本）（异形邮票）

要求在干燥时或叠放在一起时不粘连，还必须是无毒的。目前，世界上各国发行的邮票基本上都有背胶，而早期邮票有的就没有背胶。

背胶的材质可分为糊精胶和合成胶两种。早期邮票背胶一般呈黄色，多为糊精胶，这种胶容易受潮粘连，给收藏和保存邮票增加了困难。目前邮票背胶广泛采用PVA合成胶，胶质浅白而淡薄，抗潮性强，对人体无害。背胶一般呈白色，有的背胶中掺加了香料，会使邮票具有香味。

八、邮票的暗记

邮票是一种有价证券，尤其有的邮票存量少、价值高，为了防止伪造，邮票设计师、雕刻师会在邮票上设计暗记，作为鉴别邮票真伪的标记。邮票暗记主要包括图案、字母、数字、文字等。中华人民共和国成立以来，发行的纪念和特种邮票、邮资封片大部分都有暗记。

1. 原版票与再版票暗记的区分

例1，纪1《庆祝中国人民政治协商会议第一届全体会议》。

例2，纪10《保卫世界和平》（第二组）。

纪1《庆祝中国人民政治协商会议第一届全体会议》　　纪10《保卫世界和平》（第二组）

2. 小全张上的暗记

1998-23M《炎帝陵》3枚邮票中均有暗记。第1枚在门前右侧狮子上，第2枚在大香炉右上方，第3枚在右侧小狮子上，均有"YD"字母，用高倍放大镜即可看到（右上图），伪品因是翻拍制版，暗记就不存在了。

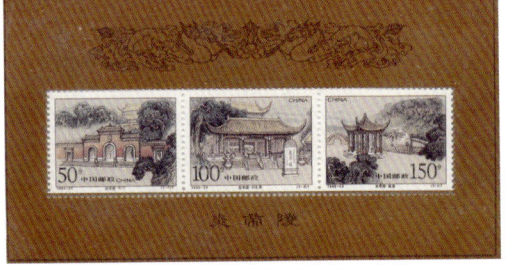

1998-23M《炎帝陵》

第三节 邮票的分类

邮票的分类是按邮票发行目的和用途、使用范围、发行状况、邮票形式和发售的方式不同所确定的邮票种类,可按邮票的用途、票形、特殊形式进行分类。邮票以发行目的和用途分类较为常见。世界各国(地区)发行量最多、用途最广的是普通邮票和纪念、特种邮票。

一、按邮票用途分类

1. 普通邮票

普1天安门图案普通邮票(第一版)(1950年2月10日)

普20北京风景图案普通邮票(1979年4月2日)

邮政部门根据日常各类邮件纳费交寄的需要而发行的一般性邮票为普通邮票,简称普票。这类邮票面值种类较多,适用于各类邮件贴用,发行量大,发行时间较长,票幅较小,图案基本固定,色彩比较单调。普通邮票往往多次印刷,因印次不同,版式也有所不同。

1840年5月英国发行的"黑便士"邮票,是世界上第一枚普通邮票。我国1878年7月发行的清代大龙邮票,是我国第一套普通邮票。

普31《中国鸟》普通邮票(2002年2月1日)

中国人民邮政于1950年2月10日发行普1天安门图案普通邮票(第一版),全套9枚。截至2016年5月,我国共发行普1到普32共32套普通邮票。

2. 纪念邮票

为纪念国内外重大事件或著名人物而发行的邮票为纪念邮票。这种邮票一般印有庆祝或纪念的主题文字、年代、徽志和相关的图案,时间性强,票幅较大,设计精美,发行量较小,在邮局限期出售,不再重印。

1871年,秘鲁为纪念南美铁路通车二十周年,发行了世界上第一套纪念邮票。

纪1慈禧寿辰纪念邮票(1894年11月)(光绪二十年十月)

我国第一套纪念邮票是1894年11月7日发行的纪1慈禧寿辰纪念邮票(又称万寿票)。这套纪念邮票由德国人费拉尔(1860—1904)设计,全套9枚,虽然是外国人设计的,但它却充分体现了东方色彩和中国文化,在世界古典邮票中显得格外别致。

1897年,因为邮资由银两改为洋银,在再版"万寿票"上加盖新面值"暂作洋银"字样,其墨色柔和均匀,背胶白而薄,刷色与初版相比略有差异。另有2分银和4分银的改版票,少量未加盖的原票流出,成为珍品。

中华民国邮政首套纪念邮票是1912年12月15日发行的纪1《中华民国光复纪念》纪念邮票。这套邮票一套12枚,是中国首次以孙中山肖像为主图的邮票,也是中国最早印有"邮票"二字的邮票。

解放区最早的纪念邮票是1938年9月晋察冀边区发行的K.HB-4《抗战军人》纪念邮票,一套一枚,图案是持枪的八路军战士正在跑步前进,票面四角印有"纪念邮票"字样,票面红色,无面值,无齿孔。为什么这枚纪念邮票没有面值呢?原来1931年中华苏维埃共和国明文规定,战士与家属通信时不需贴邮票,由部队机关盖章即可。家属给战士寄信,由当地政府盖章后寄到部队有关机关即可,不需要贴邮票。所以此套纪念邮票是专供军人免费贴用的,也是我国最早的军人贴用邮票(俗称"军邮")。这套纪念邮票1938年12月停用。

普5慈禧寿辰(初版)小字改值邮票
(1897年1月2日)

纪1《中华民国光复纪念》纪念邮票
(1912年12月15日)

中国人民邮政发行的纪念邮票设有专门志号，1967年3月前为"纪"，1974年5月以后为"J"。中华人民共和国第一套纪念邮票是1949年10月8日发行的纪1《庆祝中国人民政治协商会议第一届全体会议》，全套4枚。

K.HB-4《抗战军人》纪念邮票
（1938年9月）

3. 特种邮票

特种邮票是为配合国内外某项活动，宣传和展现某一特定题材而印制的邮票，常选用经济、文化、科技、体育、艺术、名胜、古迹、动物、植物等方面题材。

中华民国邮政首套特种邮票是1941年6月21日发行的特1《节约建国》特种邮票，全套6枚。

中国人民邮政发行的特种邮票设有专门志号，1966年5月前为"特"，1974年1月以后为"T"。中华人民共和国第一套特种邮票是1951年10月1日发行的特1《国徽》特种邮票，全套5枚。

特1《节约建国》特种邮票（1941年6月21日）

4. 航空邮票

专供寄递航空邮件贴用的邮票为航空邮票。这种邮票，通常以飞机、飞禽或象征飞行的飞神、飞鸟、飞轮、飞箭等做邮票的主图。航空邮票的面值一般较大，也可以在其他邮件上贴用。在航空邮票上，一般都印有"航空邮票"或"航空邮政"的字样。

航 1 北京一版航空邮票（1921 年 7 月 1 日）

世界上最早发行航空邮票的国家是意大利，于 1917 年为都灵—罗马航邮试用，在普通邮票上加印"航空"字样。中华民国邮政于 1921 年 7 月 1 日发行第一套航空邮票航 1 北京一版航空邮票，全套 5 枚。中华人民共和国于 1951 年 5 月 1 日发行第一套航空邮票航 1 航空邮票（第一组），全套 5 枚。1957 年 9 月 20 日又发行了航 2 航空邮票（第二组），全套 4 枚。

航 1 航空邮票（第一组）（1951 年 5 月 1 日）

5. 军用邮票

专供服役军人或军事机关寄信和邮寄邮件贴用的邮票为军用邮票，简称"军邮"。军用邮票票面上多印有与军事有关的图文，一般免费供给或收取较低的资费。土耳其于 1893 年发行过一套八角形军用邮票，是最早发行军用邮票的国家。据知，世界上有 20 多个国家发行过军用邮票。奥地利在第一次世界大战中发行过 389 种军用邮票。印度从 1900 年以来，发行过 62 种军用邮票。我国最早的军用邮票是 1938 年 9 月晋察冀边区发行的《抗战军人》军用邮票，这套邮票是专供军人免费贴用的。中华民国邮政于 1942 年 12 月发行军 1 孙中山像加盖"军邮"邮票。1945 年 1 月发行军 2 中信版无面值军邮邮票，全套 1 枚。

中华人民共和国成立后，于1953年8月24日发行军1"军人贴用"邮票，全套3枚，刷色分别为黄色、紫色和蓝色，其图案和面值相同。因邮票底色不同，后集邮者俗称其为"黄军邮"、

军1"军人贴用"邮票（1953年8月24日）

"紫军邮"和"蓝军邮"，总印量为3250万枚。由于种种原因，印好后决定停止发行，但少量"黄军邮"和"紫军邮"已发到战士手中，收回一部分销毁，但还有一部分未能收回。"蓝军邮"由于是最后印制完成，来不及下发，只有极少量流入社会，所以极为珍贵。经国务院、中央军委批准，于1995年8月1日发行第二套军邮军2"义务兵贴用"邮票，在原沈阳

军2"义务兵贴用"邮票
（1995年8月1日）

军区试用,俗称"红军邮"。由于试用中出现一些问题,1997年4月15日停用。

6. 欠资邮票

欠资邮票是寄信人在寄信时未贴邮票或未贴足邮票而由邮局加贴的补收邮票凭证，由收件人交纳邮费。欠资邮票邮局不出售，只供邮政人员在欠付邮资的邮件上使用。

荷属东印度（今印度尼西亚）于1845年首次发行了欠资邮票。匈牙利发行的欠资邮票最多，至今已达280种以上。奥地利、波兰、罗马尼亚发行的欠资邮票达100种以上。我国第一套欠资邮票是大清国邮政1904年4月1日发行的欠1伦敦版蟠龙改作欠资邮票，全套6枚。中华民国邮政时期第一套欠资邮票是1912年发行的欠1加盖"临时中立"欠资邮票，全套6枚。解放区苏维埃邮政1932年发行了T.SY-2苏维埃欠资邮票，全套3枚。中华人民共和国第一套欠资邮票是1950年8月

欠1伦敦版蟠龙改作欠资邮票
（1904年4月1日）

4日发行的欠1欠资邮票（第一组），全套9枚。1954年8月18日又发行了欠2欠资邮票（第二组），全套5枚。

欠1加盖"临时中立"欠资邮票
（1912年）

T.SY-2 苏维埃欠资邮票
（1932年）

欠1欠资邮票（第一组）
（1950年8月4日）

包1中信版包裹印纸（1944年）

7. 包裹邮票

专供交寄包裹邮件贴用的邮票称为包裹邮票，又称包裹印纸。包裹邮票只在邮局收寄包裹邮件时当场出售贴用，不预售。

比利时是世界上发行包裹邮票最早的国家，自1879年至今已发行400种以上。我国第一套包裹邮票是中华民国邮政1944年发行的包1中信版包裹印纸，全套5枚。中华人民共和国第一套包裹邮票是1950年1月25日发行的包东1包裹印纸（东北贴用，东北币），全套4枚。

包东1包裹印纸（东北贴用，
东北币）（1950年1月25日）

8. 改值邮票

在票面上加印、加盖新的面值，改变原邮票面值的邮票称为改值邮票。通常邮票改值的原因有：①因币制改变，来不及印发新面值邮票；②因通货膨胀，货币贬值，原邮票不再适用；③邮政部门某种面值的邮票暂时售缺；④邮政部门改变票种，调整邮政资费。

中国人民邮政于 1950 年 5 月 5 日发行改 1 "中华邮政上海大东版单位邮票" 加字改值，全套 6 枚。中国人民邮政共发行 10 套改值邮票。

改 1 "中华邮政上海大东版单位邮票" 加字改值
（1950 年 5 月 5 日）

9. 自动化邮票

根据邮资需要，由电控自动售票机自动加盖面值出售的邮票称为自动化邮票，又称"电子邮票"。电子邮票脱胎于邮资标签。自动化邮票无齿，无胶，上下两端各有两个半圆形的凹槽，为在自动售票机中固定位置用。1981 年，由西德首次试验发行自动化邮票。投入硬币后，选择所需面值的按键，电脑控制的售票机即在空值邮票上加盖面值再吐出。

中国邮政于 1999 年 12 月 30 日发行首套也是唯一一套自 1《中国邮政徽志》（自动化邮票），全套 9 枚，在北京西客站自助邮局发售使用。邮票由德国 Nagler 公司制造的自动化邮票出售机出售，采用投币方式，自动实时打印面值，数值颜色为黑色。2001 年 7 月 3 日该机停止使用。

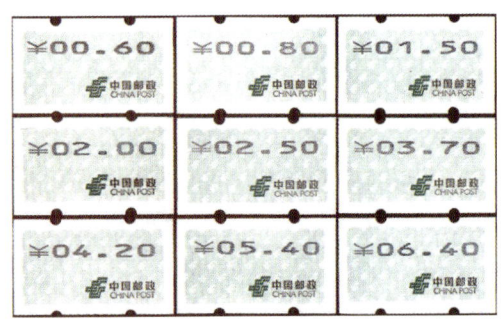

自 1 中国邮政徽志（1999 年 12 月 30 日）
（自动化邮票）

10. 中外联合发行的邮票

为促进中国与其他国家的文化交流，自1994年开始发行中外同题材联合发行邮票。中国与美国于1994年10月9日首次联合发行1994-15《鹤》特种邮票一套，全套2枚，分别介绍中国黑颈鹤和美国美洲鹤。由中国和美国两国邮政部门同日发行同题材邮票，邮票形

1997-7《珍禽》（T）（中国和瑞典联合发行）
（1997年5月9日）

状、图案都一样，国名标记及邮票面值各国自己设计。我国自1994年与美国联合发行邮票到2014年与法国联合发行邮票，这20年中分别与泰国、圣马力诺、新加坡、瑞典、新西兰、德国、瑞士、俄罗斯、朝鲜、哈萨克斯坦、古巴、埃及、马来西亚、斯洛伐克、韩国、伊朗、匈牙利、希腊、罗马尼亚、西班牙、列支敦士登、荷兰、加拿大、波兰、奥地利、印度尼西亚、墨西哥、印度、乌克兰、丹麦、以色列、土耳其、法国等（以上顺序按联合发行邮票时间排序）30多个国家联合发行邮票。中外联合发行邮票均为2枚。

1994-15《鹤》（T）（中国和美国联合发行）（1994年11月22日）

二、按邮票形式分类

1. 小型张

小型张是指在一枚小面积全张上仅印有单枚邮票，邮票图幅较大，在邮

票四周印有相关文字和图案的小开张邮票，突出该套邮票的重点主题。这种邮票既可在邮件上贴用，又可供集邮爱好者收藏。小型张是邮票收藏的热门品种。

世界上第一枚小型张是卢森堡于 1923 年 1 月 3 日为纪念伊丽莎白公主诞生而发行的，主图为卢森堡风景，面值 10 法郎。中国人民邮政于 1956 年 1 月 1 日发行第一组小型张纪 33M《中国古代科学家》，全套 4 枚，面值均为 8 分，它是中国第一套枚数最多的小型张，也是单枚面值最小的小型张。

小型张分为以下六种。

（1）一般小型张：邮票重点主题，印在图幅较大的画面上，为一般小型张。如 T41《从小爱科学》特种邮票，全套 6 枚，分别展示青少年开展科技活动的情景，表现少年儿童对未来世界的幻想，同时发行 1 枚小型张。

（2）无齿孔小型张：小型张上的邮票未打齿孔称为无齿孔小型张。中华人民共和国第一枚无齿孔小型张是 1996 年 5 月 18 日发行的 1996–11JM《1996 中国—第九届亚洲国际集邮展览》。

（3）加字小型张：为配合国际及国内重大活动，在小型张上加字发行，

纪 33M《中国古代科学家》（第一组）（小型张）
（1956 年 1 月 1 日）

T41M《从小爱科学》（小型张）
（1979 年 10 月 3 日）

称为加字小型张。因发行数量少，所以加字小型张是收藏精品。中华人民共和国第一枚加字小型张是 1979 年 8 月 25 日为纪念里乔内第 31 届国际邮票博览会，利用 T38M《万里长城》小型张加字的《里乔内第 31 届国际邮票博览会·1979 年》，志号 J41M。

（4）金箔小型张：金属邮票包括金箔邮票、银箔邮票、铝箔邮票等。金箔小型张是在金箔和薄纸的复合材料上，用模压等方法印制的邮票及小型张。小型张背面刷胶，与普通纸质邮票同样使用。

世界上最早发行金箔邮票的国家是加蓬，1965 年为悼念约波依查博士，特发行了面值为 1000 法郎的金箔纪念邮票。我国 1997 年 7 月 1 日发行 1997-10《香港回归祖国》邮票一套 2 枚及小型张 1 枚。同时又发行一枚面值 50 元的 1997-10J《香港回归祖国》金箔小型张 1 枚。1999 年 12 月 20 日发行 1999-18J《澳门回归祖国》金箔小型张 1 枚。2002 年 11 月 8 日发行 2002-21M《黄河壶口瀑布》金箔小型张 1 枚。

1996-11JM
《1996 中国—第九届亚洲国际集邮展览》
（无齿小型张）（1996 年 5 月 18 日）

J41M《里乔内第 31 届国际邮票博览会·1979 年》
（加字小型张）（1979 年 8 月 25 日）

1997-10J《香港回归祖国》（金箔小型张）
（1997 年 7 月 1 日）

（5）双连小型张：两枚小型张连在一起的邮品称为双连小型张（俗称双连张）。中国第一枚双连张是 2000 年 10 月 31 日发行的 2000-17M《第二十七届奥林匹克运动会》双连张。自 2007 年 7 月 28 日发行 2007-20M《中华全国集邮联合会第六次代表大会》双连张开始，每年印制一枚双连张供应全国集邮联合会会员，凡按年交纳会费并参加活动的在册会员平价获得一枚双连张，受到全国各地集邮协会会员的欢迎。到 2015 年底已发行 10 枚双连张。双连张因形式新颖、发行量少、有升值空间而深受集邮者和投资者的欢迎。

2000-17M《第二十七届奥林匹克运动会》
（双连张）（2000 年 10 月 31 日）

2007-20M
《中华全国集邮联合会第六次代表大会》
（双连张）（2007 年 7 月 28 日）

（6）最佳邮票评选小型张：自 1980 年开始，由中华全国集邮联合会等单位联合主办全国最佳邮票评选活动，到 2018 年已经举办了 39 届。自 2006 年第 27 届全国最佳邮票评选活动开始，利用评选出来的年度最佳邮票，印制最佳邮票评选小型张，因设计精美、发行量少，深受集邮者、投资者的欢迎。自 2006 年开始印制《长征胜利七十年》《中共十七大》《改革开放三十年》《国家图书馆》《朱熹》《建党九十周年》《中共十八大》《中国梦》《长江》《抗战胜利七十年》《丙申年》《中共十九大》《四景山水图》等共 13 枚最佳邮票评选小型张。

2. 小全张

将全套邮票印在一张纸上，同原来邮票图案、枚数、面值完全相同，周围设计相关图案及文字，为小全张。如纪50《关汉卿戏剧创作七百年》纪念邮票，全套3枚，同时发行纪50M《关汉卿戏剧创作七百年》小全张1枚。小全张由邮局发行，有的按面值出售，但大部分都高于面值出售（大约高于面值的50%）。小全张是收藏的热门品种。

《第31届全国最佳邮票评选纪念》
（最佳邮票评选小型张）（2011年4月）

纪50《关汉卿戏剧创作七百年》

纪50M《关汉卿戏剧创作七百年》
（小全张）（1958年6月28日）

世界上第一枚小全张是德国1930年9月12日发行的"国际邮展纪念附捐邮票"全套4枚的小全张，图案为德国著名建筑。我国第一枚小全张是中华民国邮政1941年6月21日发行的特1M《节约建国》特种邮票小全张。

解放区第一枚小全张是1947年5月30日东北邮电总局发行的J.DB-42《五卅廿二周年纪念》，全套7枚，小全张1枚。中华人民共和国第一枚小全张是1958年5月30日发行的纪47M《人民英雄纪念碑》小全张。

特1M《节约建国》（小全张）
（1941年6月21日）

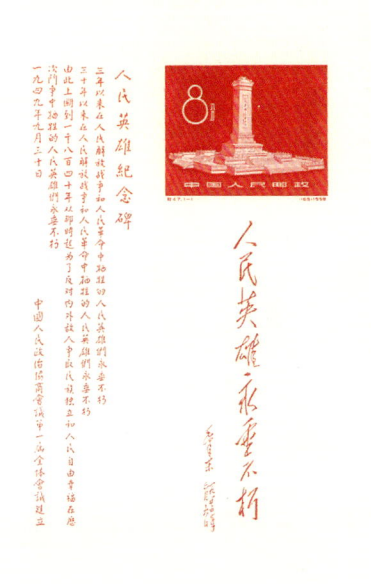

纪47M《人民英雄纪念碑》（小全张）
（1958年5月30日）

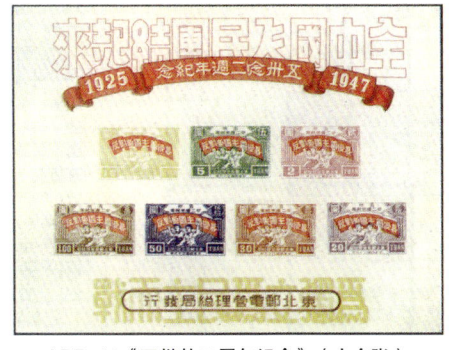

J.DB-42《五卅廿二周年纪念》（小全张）
（1947年5月30日）

小全张分为以下三种。

（1）一般小全张：中华人民共和国发行了许多精美的小全张，因发行量小，所以升值空间较大。如纪86M《第26届世界乒乓球锦标赛》小全张，面值0.60元，售价2元，现市场价7500元；纪50M《关汉卿戏剧创作七百年》小全张，面值0.32元，售价0.40元，现市场价750元；T121M《中国历代名楼》小全张，面值1.16元，售价1.50元，现市场价150元。

（2）金箔小全张：在金箔和薄纸的复合材料上，用模压等方法印制的小全张为金箔小全张。1998年10月28日发行《炎帝陵》特种邮票时，除了发行一枚1998-23M《炎帝陵》小全张外，又发行了有齿、无齿各一种金箔小全张。

1998-23M《炎帝陵》（小全张）（T）（1998年10月28日）（金箔有齿小全张）

1998-23M《炎帝陵》（小全张）（T）（1998年10月28日）（金箔无齿小全张）

（3）贺年小全张：中国邮政自 2006 年 11 月开始，发行"贺年专用邮票"系列。2006 年 11 月 1 日发行"2007 年贺年专用邮票"，全套 2 枚，并同时发行 1 枚贺 1M《贺新禧》贺年小全张，突出迎新春、贺新年的喜庆。2007 年贺年小全张随 2007 年中国邮政贺年（有奖）明信片的幸运封一起出售。到 2016 年已发行了 10 种贺年小全张。每年贺年小全张的发行为新年、春节增添了节日气氛，深受广大集邮爱好者的欢迎。

贺 1M《贺新禧》（贺年小全张）
（2006 年 11 月 1 日）

3. 小版张

邮票发行部门除印制整版邮票外，同时印制与原图相同，但整版枚数较少的版票，并且在四周边纸上印有相应的图案或文字，称为小版张。中华人民共和国首张小版张是 1980 年 9 月 13 日发行的 J59《中华人民共和国展览会》纪念邮票小版张，邮票全套 2 枚。整版票每版 50 枚，小版张每版 12 枚（每套共两版），售价 9.36 元，小版张现市场价 8500 元。中国邮政邮票印制与国际接轨，自 2003 年开始，在每年发行的新邮品中，选择三分之一题材的邮票印制小版张，丰富邮票的收藏品种。

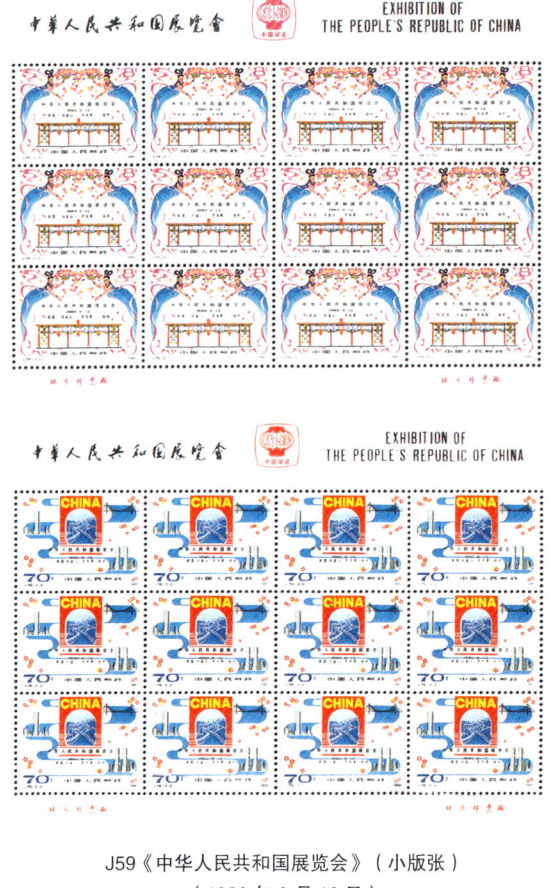

J59《中华人民共和国展览会》（小版张）
（1980年9月13日）

小版张分为以下四种。

（1）一般小版张：小版张的发行，受到集邮爱好者及邮票投资者的欢迎。我国自2000年开始发行了一些小版张，如2000-2《春节》（T）、2001-2《辛巳年》（T）、2001-10《端午节》（T）、2002-1《壬午年》（T）、2003-1《癸未年》（T）、2003-2《杨柳青木版年画》（T）等。因小版张邮票枚数少，印制精美，一般小版张只用于收藏，因发行量小，所以升值空间较大。我国自2004年发行第三轮生肖邮票，除印制整版邮票外，又印制了生肖小版张（版式二）和赠送版（版式三）。第三轮生肖邮票从2004年到2015年12年共发行了12版生肖小版张（版式二），12版生肖赠送版（版式三），受到集邮爱好者的欢迎。

（2）加字小版张：为纪念重大活动，在小版张上加字发行的小版张为加字小版张，如为纪念太原建城2500年而在2003-15《晋祠彩塑》（T）小版张上加字发行。

（3）绢质小版张：在印制小版张时，使用绢质材料印制的为绢质小版张，如印制的2006-23《文房四宝》（T）小版张为绢制小版张。因绢制小版张比较少，所以也是收藏的精品。

第二章 邮票的基本知识

2003-2《杨柳青木版年画》（T）（小版张）
（2003年1月25日）

2004-1《甲申年》（T）（小版张）
（2004年1月5日）

2004-1《甲申年》（T）
（赠送版）
（2004年6月1日）

57

2003-15《晋祠彩塑》（T）（加字小版张）（2003年8月16日）

2006-23《文房四宝》（T）（绢质小版张）（2006年9月10日）

（4）不干胶小版张：在小版张背面用不干胶工艺制作的小版张，背面附上专用纸，称为不干胶小版张。中国邮政发行的第一种不干胶小版张是2004年9月30日发行的2004-23《中华人民共和国国旗、国徽》。截至2008年，我国共发行9种不干胶小版张，有《中华人民共和国国旗、国徽》《安徒生童话》《第29届奥林匹克运动会——会徽和吉祥物》《第29届奥林匹克运动会——运动项目（一）》《第29届奥林匹克运动会——运动项目（二）》《第29届奥林匹克运动会——竞赛场馆》《第29届奥林匹克运动会——火炬接力》《第29届奥林匹克运动会开幕纪念》《奥运会从北京到伦敦》，受到集邮爱好者的欢迎。

第二章 邮票的基本知识

2004-23《中华人民共和国国旗、国徽》（不干胶小版张）（2004年9月30日）

2005-28《第29届奥林匹克运动会——会徽和吉祥物》（不干胶小版张）（2005年11月12日）

4. 小本票

为便于携带使用，将单一面值或多种面值的邮票印制成连票并装订成小薄册，这就是小本票，使用时将邮票撕下来即可。小本上的邮票，可有一边或两边无齿。发行小本票是为了便于购买、携带和使用方便，同时小本票封面设计精美，还可以保护里面的邮票免受污损，因此小本票的发行受到邮票收藏者的欢迎。1895年卢森堡发行了世界上第一个小本票。到目前世界上有130多个国家和地区发行了小本票。瑞典是发行小本票最多的国家，如今已发行300多种。我国于1917年发行的"中华邮政邮票册"，内装有直连"北京老版帆船"邮票。中华人民共和国第一个小本票是1980年9月20日发行的SB（1）1980《童话——〈咕咚〉》小本票，内装T51《童话——〈咕咚〉》特种邮票2套8枚和2枚副票。中国人民邮政从1980年到2019年共发行56种小本票。小本票题材丰富，有十二生肖、童话、动物、民间传说故事等。尤其生肖邮票，第一轮（除"猴票"）、第三轮、第四轮生肖邮票均发行了生肖邮票小本票。

59

SB（53）2016《丙申年》（2016年1月5日）（小本票"内页"5套共10枚邮票）

SB（1）1980《童话——〈咕咚〉》（1980年9月20日）（小本票"封面"）

三、其他类别的邮票

1. 加盖邮票

加盖邮票（或称加印邮票）是在已发行的邮票上加印或加盖特定文字、缩语、字母或图案，使其变成一种新票来使用。加盖方法一般为机器加盖，也有用打字机或手工加盖的。我国第一套加盖改值邮票是大清国邮政1897年6月发行的普4小龙加盖大字改值邮票，全套3枚。加盖邮票产生的原因有很多，大致可分为以下四种。

（1）改值邮票。由于币值调整，尚未印制出新邮票，只好在原票上加字改值使用。如普4小龙加盖大字改

普4小龙加盖大字改值邮票
（旧称"北海票"）（1897年6月）

值邮票,由于币值的改变(由银两改为洋银),所以改值。又如中国人民邮政调整邮资发行改6"华东区三一版毛主席像邮票"加字改值邮票。

改6"华东区三一版毛主席像邮票"加字改值
(1950年11月10日)

(2)国家政体改变而发行加盖邮票。1912年孙中山在南京建立中华民国临时政府后,来不及发行新邮,便在大清国邮政"蟠龙"原票上加盖"中华民国""临时中立"字样来使用。如普2加盖"中华民国""临时中立"邮票。

(3)红印花加盖暂作邮票。红印花原票并不是邮票,是清代上海海关在已缴进口税的洋货凭证上贴用的一种带有背胶的印花,由英国伦敦华德路公司印制,颜色为红色,故被称为"红印花"。在集邮界被认为是"前四宝"之一和"红印花四宝"之一。1896年12月17日,上

红印花原票

普2加盖"中华民国""临时中立"邮票
(1912年3月20日)

海海关造册处主任葛显礼写信,请求用红印花原票25000枚加盖改作邮票使用,其中有部分未加盖的红印花原票被藏于档案,嗣后被流出至集邮者中,据统计不足100枚,所以比较珍贵。1897年2月2日大清邮政发行红印花加盖暂作邮票,全套8枚。

普11 红印花加盖暂作邮票
(1897年2月2日)

（4）新闻稿件加盖邮票。1943年华中淮南区发行了五角星图邮票，当时宣传及邮政部门专为新闻稿件发行加盖"稿"字专用邮票。因存世量少，极为珍贵。

K.HZ-3
"稿"字邮票
（1943年）

2. 票中票

将早期珍贵的或具有特殊纪念、宣传意义的邮票作为一枚新邮票主图的邮票称为票中票。如1976年尼加拉瓜发行的票中票，票面主图是世界上第一枚黑便士邮票。

1976年尼加拉瓜发行的票中票

世界上第一套票中票是日本为纪念本国邮政创办五十周年而于1921年4月20日发行的两枚邮票，票面的四角印有1871年日本的首套邮票。到20世纪末，世界上有200多个国家和地区发行了票中票，其中古巴发行票中票最多，达百种。我国发行的首套票中票是1948年3月20日中华民国邮政为南京举办"邮政纪念日邮票展览"而发行的，票面选择了《光复纪念》和《邮政总局成立五十周年》两枚邮票作为新票的主图，全套2枚。中国人民邮政发行过多套票中

纪27《邮政纪念日邮票展览》纪念邮票
（1948年）（票中票）

J99《中华全国集邮展览·1983·北京》
（1983年11月29日）（票中票）

票，其中第一次是在1983年11月29日，为纪念中华全国集邮展览，发行了J99《中华全国集邮展览·1983·北京》纪念邮票，全套2枚，票面分别选用了特1《国徽》邮票和陕甘宁边区发行的《延安宝塔山》邮票。

3. 磷光邮票

在邮票上印有1条至5条磷光杠的邮票称为磷光邮票，也称发光邮票。磷光邮票是专供自动分拣机或自动盖戳机识别信件所贴邮票的资值和位置、区别邮件的类别并加以盖销而使用的。英国在1957年最早发行磷光邮票。中华人民共和国于1980年3月20日首次发行T49《邮政运输》磷光邮票。

T49《邮政运输》（磷光邮票）
（1980年3月20日）

普22（甲）《祖国风光》普通邮票（磷光邮票）
（1982年9月30日）

1982年9月30日发行普22甲《祖国风光》普通邮票（磷光邮票）。

4. 副票邮票

与邮票同时印制在同一全张上的票形图案，多印有与邮票主题相关的图案和文字，但无邮政标记和邮票面值，不能作为邮票使用，称副票邮票。我国于1980年6月1日发行T51《童话——〈咕咚〉》特种邮票一套，全套5枚，前4枚面值均为8分，第5枚没有面值，就是副票。这枚副票上的图案和文字进一步解释了《咕咚》这个童话故事。

T51《童话——〈咕咚〉》（1980年6月1日）（第5枚为副票邮票）

5. 附捐邮票

国家为社会公共福利事业筹集资金而发行的附加捐资邮票，称为附捐邮票。因筹款用途不同，又分为慈善、偿债基金邮票等。在附捐邮票上，邮政面值和附捐金额的表示方法是：邮票面值＋附捐金额。附捐金额不能充当邮资，故又称"半邮政邮票"。1897年澳大利亚的新南威士和维多利亚州发行的慈善邮票是世界上最早的附捐邮票，当时曾以邮票面值的 12 倍出售。法国、德国、瑞士、荷兰等国发行附捐邮票的种类较多。荷兰发行的附捐邮票占本国邮票的 40% 以上。我国第一套附捐邮票是 1920 年 12 月 1 日在第一版帆船邮票上加盖"附收赈捐壹分"字而发行的，全套 3 枚。

附捐 1 加盖"附收赈捐壹分"邮票
（1920 年 12 月 1 日）

1944 年 10 月 10 日又发行附捐 2《赈济难民》附捐邮票，全套 6 枚。中国人民邮政于 1984 年 2 月 16 日发行第一套附捐邮票 T92《儿童》，全套 2 枚，为全国少年儿童筹备活动基金；1985 年 3 月 15 日为中国残疾人筹备基金，发行 T105《中国残疾人》附捐邮票，全套 4 枚。到目前中国邮政只发行了 2 套附捐邮票。

附捐 2《赈济难民》附捐邮票　　　　T92《儿童》（附捐邮票）
（1944 年 10 月 10 日）　　　　　　（1984 年 2 月 16 日）

T105《中国残疾人》（附捐邮票）（1985 年 3 月 15 日）

6. 香味邮票

邮票印制时，在颜色中掺入香料，使印出来的邮票带有香味，称为香味邮票。我国于 2014 年 7 月 15 日发行 2014-15《水果（一）》特种邮票，全套4枚。邮票印制根据苹果、桃、石榴、金橘4种水果特有的果香，增加了香味油墨。当人们欣赏邮票时，能闻到阵阵水果香味，若用手轻轻摩擦邮票表面，味道会更加浓郁，倍添情趣。

2014-15《水果（一）》（T）（2014年7月15日）（香味邮票）

7. 过桥票

在版票中，邮票中间夹有空白部分上印有邮票相关的图案或文字，有齿孔，无邮票标记，无面值，这枚票称为过桥票。过桥票是为了装饰版面而设计，不能当作邮票使用。我国于1981年6月30日发行J71《中国乒乓球队荣获七项世界冠军纪念》邮票，全套7枚，该套邮票是在小版中间印有中国国旗和当届比赛徽志的大型过桥票。中国人民邮政在印制小版票时多次设计大小不同的过桥票，丰富了版票的画面，如我国2001年12月11日发行的特3-2001《中国加入世界贸易组织》版票中，在16枚版票中间加印了"中国加入世界贸易组织"文字及图案的长条过桥票，突出了版票的主题。

8. 对剖邮票

因某种面值邮票暂时售缺，为应急，将另一种邮票竖向、横向或对角剖开，当两种邮票使用，其面值按被剖邮票面值的二分之一出售使用，

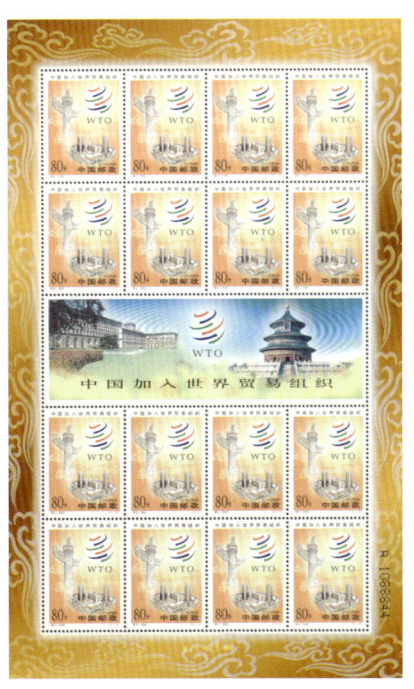

特3-2001《中国加入世界贸易组织》
（2001年12月11日）（版票带过桥票）

这类邮票称为对剖邮票（也称半剖邮票）。对剖邮票都是在邮局当面出售贴用，并加盖特殊戳记，不预售，收集对剖票必须连同实寄封一同收集。世界上，印度、阿根廷、乌拉圭、比利时、洪都拉斯等国都使用过对剖邮票。我国于1903年10月至1906年4月在福州、重庆、长沙三地，因1分票售缺，将伦敦蟠龙无水印2分邮票斜剖对开，每半枚当作1分邮票使用。

福州（连封残片）
（1903年10月22日）

重庆（连封残片）
（1904年6月）

长沙（连封残片）
（1906年4月10日）

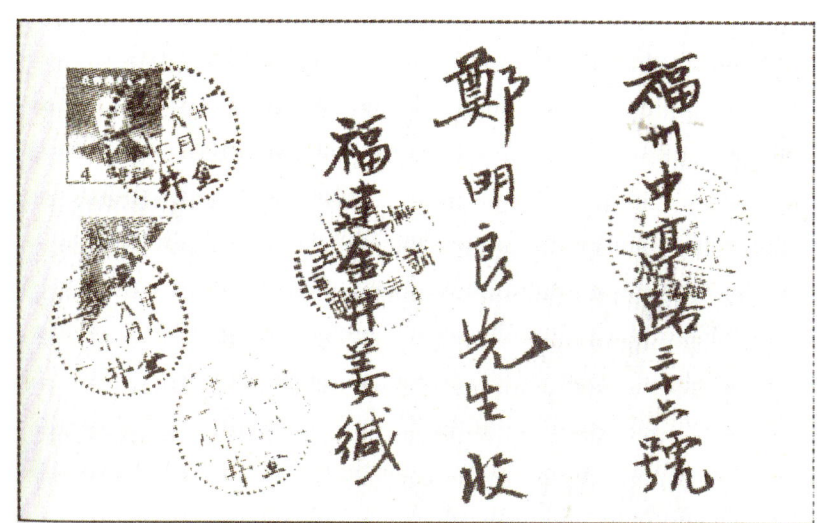
福建金井使用对剖邮票的实寄封（1949年8月）

9.变体邮票

在邮票的印制过程中，由于某种原因，造成某些邮票在图案、刷色、文字、齿孔、纸质等方面出现差错而造成的不合格品，未检验出来，被邮局售出并流入市场的邮票，称为变体邮票（也称错体票）。变体邮票又分为小变体和大变体两种。在印制过程中造成邮票上轻微的缺陷瑕疵，如移位、漏白、偏齿、直角齿等称为小变体，也称趣味品邮票。在邮票印制过程中，造成邮票具有较严重缺陷和错误，如严重漏色、错色、中心图案倒印、水印错误、加盖有误、文字错误等称为大变体。这种大变体较少出现。变体邮票必须是从邮局出售后流入社会的，如并非经邮局出售而通过某种非正常渠道流出的印刷废品，则不被承认为变体邮票。中国人民邮政于1962年12月1日发行的纪92《中国古代科学家》（第二组）第一枚"蔡伦像"邮票中，生卒年份应为"公元"，却印成"公元前"，是多印了一个"前"字的错体票；1958年9月4日发行纪54《国际学联第五届代表大会》的纪念邮票，错印成"第五届世界学生代表大会"，出现严重文字错误；1969年10月1日发行文18《用毛泽东思想武装起来的中国人民是不可战胜的》中的第一枚"军民团结"邮票中，解放军和民兵枪无刺刀，属严重漏印变异。以上三种变体邮票都属于大变体。

纪92《中国古代科学家》（第二组）
（1962年12月1日）
（第一枚蔡伦像邮票为错体票）

文18《用毛泽东思想武装起来的中国
人民是不可战胜的》
（1969年10月1日）（第一枚为错体票）

10. 叠色样张

在邮票正式付印前打样试印的彩色印样全张称为叠色样张，这是为选取较理想的刷色而进行的色彩试样。这种色样票一般无国名标记和面值等文字，注有试验单色、版别色样等文字。中国邮政2003年至2008年共发行3枚叠色样张。2003年11月20日在发行2003-23《中国2003·第十六届亚洲国际邮票展览》纪念邮票的同时发行邮票印刷叠色样张一枚；为配合2006年全国集邮展览，采用2006-18《金银器》特种邮票第一图"金瓯永固杯"制作邮票印刷叠色样张一枚；2008年5月10日发行2008-10《颐和园》特种邮票，同时采用第一图"十七孔桥"印制邮票印刷叠色样张一枚。叠色样张第一图是"胶版色样"，第二图是"雕刻版色样"，第三图是"票样"。

2008-10《颐和园》（2008年5月10日）
第一图"十七孔桥"（叠色样张）

11. 无齿票

在印制发行邮票时，同时发行无齿邮票（俗称无齿票）。无齿邮票是在印制过程中不打齿孔，邮局出售时按邮票设计尺寸剪成邮票按套出售。中国人民邮政1962年至1988年共发行4套无齿票，分别是：1962年9月1日发行的纪94《梅兰芳舞台艺术》纪念邮票，全套8枚；1963年6月1日发行的特54《儿童生活》特种邮票，全套12枚；1963年8月1日发行的特59《熊猫》特种邮票，全套3枚；1988年12月20日发行的T132《麋鹿》特种邮票，全套2枚。

纪94《梅兰芳舞台艺术》（无齿票）
（1962年9月1日）

T132《麋鹿》（无齿票）
（1988年12月20日）

12. 卷筒邮票

专供邮局自动售票机出售的邮票为卷筒邮票，又称盘卷邮票。邮票在自动售票机内呈盘卷状，一般由 500～3000 枚同一面值的邮票组成一个盘卷，纵式长连票左右两侧无齿孔，横式长连票上下两边无齿孔。出售时由自动售票机一枚一枚地"吐"出来，故称卷筒邮票。卷筒邮票与自动化邮票不同的是，卷筒邮票上面的面值是已经印刷好了的，自动售票机可以选择面值。

美国于 1908 年最先在自动售票机上出售邮票。第二次世界大战后，发行卷筒邮票的国家逐渐增多，一般出售普通邮票。瑞典自 1920 年以来，将纪念、航空、附捐邮票也制成卷筒邮票在自动售票机上出售。1969 年，英国的卷筒邮票将四种面值邮票连印成一个单元出售。目前世界上已有数十个国家和地区在使用卷筒邮票。我国曾经试制过卷筒邮票，但未投入使用。

四、其他集邮品——纪念张

纪念张不是邮政部门发行的集邮品，是有关部门为纪念某些活动而设计印制的。纪念张具有鲜明的纪念特征，如国家重大活动纪念，全国各省市集邮协会成立及周年纪念，举办各种大型邮展纪念，喜迎新年生肖吉祥物纪念等。一般设计印制的纪念张外形尺寸近似小型张，一般都打齿孔、无面值，是集邮者喜欢收藏的集邮品种。

特65《革命圣地——延安》（1964 年 7 月 1 日）（市场价 1200 元）

1. 一般纪念张

一般纪念张分为以下四类。

（1）国家重大活动纪念张：配合国家重大活动而印制的纪念张，如中国集邮总公司2001年为庆祝中国共产党成立八十周年印制的纪念张。

（2）全国各省市集邮协会成立及周年活动纪念张：如苏州市邮票公司为祝贺苏州市集邮协会成立印制的纪念张。（ZYH为中国集邮总公司集邮品代号）

《庆祝中国共产党成立八十周年》
（纪念张）（2001年）

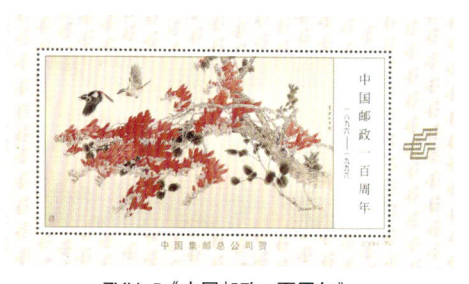

ZYH-5《中国邮政一百周年》
（纪念张）（1996年）

ZYH-1《江南造船厂建厂一百三十周年》
（纪念张）（1995年）

祝贺苏州市集邮协会成立纪念张（1983年10月23日）

第二章 邮票的基本知识

上海市集邮协会召开第一次会员代表
大会纪念张（1984年）

（3）举办大型集邮展览纪念张："中国解放区邮票展览"1982年在香港举办，中国集邮总公司印制纪念张；"中华全国集邮展览"1983年11月29日在北京举办，中国集邮总公司印制纪念张。

《中国解放区邮票展览》（纪念张）
（1982年）

《中华全国集邮展览》（纪念张）
（1983年11月29日）

北京市邮票公司为北京市集邮协会举办
"庆祝建国三十五周年邮展"印制的纪念张（1984年10月）

ZYH-6《中国邮票展览·香港'96》　　ZYH-7《1996中国—第9届亚洲国
（纪念张）（1996年）　　　　　　　际集邮展览》（纪念张）（1996年）

ZYH-2《国际邮票钱币博览会》

（纪念张）（1995年）

（4）生肖吉祥物纪念张：配合新年春节印制的生肖吉祥物纪念张，如中国集邮总公司1999年为己卯年印制的《拜年》生肖纪念张，2011年辛卯年印制的《贺年·兔纳百财》生肖纪念张。

《拜年》（纪念张）（1999年）

《吉祥如意》

（纪念张）（2007年）

《贺年·兔纳百财》
（纪念张）（2011年）

2. 最佳邮票评选纪念张

自1980年开始，由中华全国集邮联合会、人民日报社、中央电视台、中国集邮总公司、中国邮政集团公司邮票印制局、中国邮政文史中心、工人日报社、中国青年报社、人民邮电出版社、人民邮电报社联合主办的"全国最佳邮票评选"活动到2018年已经举办了39届。每年的全国最佳邮票评选活动都是集邮界的盛会，全国集邮爱好者采用明信片投票、网络投票、手机短信投票、手机微信投票四种方式在规定的日期内投票。最后评选出最佳邮票奖1个、优秀邮票奖2个、最佳设计奖1个、最佳印刷奖1个。最佳邮票奖和优秀邮票奖由群众投票产生，其他奖项由专家评审团投票产生。参加者按规则可获得"评选纪念"纪念张1枚。最佳邮票评选纪念张是集邮爱好者比较喜欢收藏的集邮品，而最早的佳邮评选纪念张升值空间很大。

《1981年最佳邮票评选纪念》
（1981年）（佳邮评选纪念张）

第二章 邮票的基本知识

《1992年最佳邮票评选纪念》
（1992年）（佳邮评选纪念张）

《2004年最佳邮票评选纪念》
（2004年）（佳邮评选纪念张）

《2013年最佳邮票评选纪念》（2013年）
（佳邮评选纪念张）

《2014年最佳邮票评选纪念》（2014年）
（佳邮评选纪念张）

3. 最佳邮票评选发奖大会纪念张

最佳邮票评选后在每年 5 月举行"全国最佳邮票评选发奖大会"，表彰评选出来的最佳邮票、优秀邮票。会上印制"最佳邮票评选发奖大会纪念张"。

1992 年第 13 届全国最佳邮票评选发奖大会的纪念张是第二轮生肖评选发奖大会纪念张的第 1 枚。2004 年第 25 届全国最佳邮票评选发奖大会的纪念张是第三轮生肖评选发奖大会纪念张的第 1 枚。2016 年第 37 届全国最佳邮票评选发奖大会的纪念张是第四轮生肖评选发奖大会纪念张的第 1 枚。

《1982 年最佳邮票评选发奖大会》（1982 年）
（佳邮评选发奖大会纪念张）

《1992 年最佳邮票评选发奖大会》
（1992 年）（佳邮评选发奖大会纪念张）

第二章 邮票的基本知识

《2004年最佳邮票评选发奖大会》
（2004年）（佳邮评选发奖大会纪念张）

《2014年最佳邮票评选发奖大会》
（2014年）（佳邮评选发奖大会纪念张）

《2015年最佳邮票评选发奖大会》
（2015年）（佳邮评选发奖大会纪念张）

附：第35届全国最佳邮票评选选票及获奖实寄封

第35届全国最佳邮票评选选票（正面）

第35届全国最佳邮票评选选票（反面）

2014年度全国最佳邮票评选实寄封

文2《毛主席万岁》(1967年5月1日)(寄至英国的首日实寄封)

第 三 章

集邮品的基本知识

集邮者收藏邮票是了解历史、了解社会的一个途径。每年世界各国（地区）发行大量邮票，题材广泛，内容丰富。集邮具有知识性、趣味性、娱乐性。对于集邮者而言，仅收集邮票是不够的，封、片、简、戳、卡及邮政用品等都是集邮者收藏的内容。在我国，邮票与印有预付邮资的封、片、简的邮品统称为邮资票品。本章将重点介绍封、片、简等邮资票品的基本知识。

T46《庚申年》八方连实寄封（日本京都航空）
（1980年3月9日）

第一节 信封

用来邮寄信函或印刷品的封套统称信封。信封有印制邮资图及贴邮票的区别，信封按题材分类较多，是广大集邮者喜欢收藏、研究的集邮品之一。

一、邮资信封

国家邮政部门按计划发行印有邮资图的信封称为邮资信封。只有国家邮政部门有权印制、发行邮资信封。1840年，英国发行"黑便士"邮票的同时，发行了由皇家艺术学会会员马尔雷迪设计的两款邮资信封，这是世界上最早的邮资信封。邮资信封可分为以下七类。

1. 普通邮资信封（PF）

最初多采用当时常用的普通邮票图印制普通邮资信封。1956年7月10日发行PF1《普9天安门图案》普通邮资信封，全套11枚。这套普通邮资信封就是利用普9天安门图案普通邮票的天安门图印制的。自1967年8月28日发行PF2《天安门图毛主席语录》开始，就重新设计邮资图。从1992年7月15日发行PF6《正阳门箭楼》普通邮资信封到2019年3月31日发行PF268《丝绸古镇——盛泽》普通邮资信封，中国邮政已发行268套普通邮资信封。普通邮资信封字母代号为PF。

PF6《正阳门箭楼》普通邮资信封
（1992年7月15日）

2. 纪念邮资信封（JF）

国家为纪念重要活动、事件、著名人物等而发行的邮资信封称为纪念邮资信封，字母代号为JF。1876年美国为纪念费城建市一百周年而发行的邮资信封是世界上最早的纪念邮资信封。中国人民邮政于1982年8月26日发行的《纳米比亚日》纪念邮资信封，是中华人民共和国第一套纪念邮资信封。1982年9月20日发行了JF2《老龄问题世界大会》纪念邮资信封，2019年5月28日发行了JF130《〈解放日报〉在上海创刊七十周年》纪念邮资信封。截至2019年上半年，中国邮政已发行130套纪念邮资信封。

JF1《纳米比亚日》纪念邮资信封（1982年8月26日）

JF2《老龄问题世界大会》纪念邮资信封（1982年9月20日）

JF10《世界奥林匹克集邮展览》纪念邮资信封（1987 年 8 月 29 日）

JF119《中华人民共和国第一届青年运动会》纪念邮资信封（2015 年 10 月 18 日）

3. 美术邮资信封（MF）

印有按美术作品图案设计邮资图的信封称为美术邮资信封，字母代号为MF。中华人民共和国邮电部 1983 年 4 月 1 日发行 MF1《花卉图》，邮资图分别为牡丹、睡莲、月季花、兰花、菊花、玉兰、杜鹃花、水仙、梅花、荷花，全套 10 枚。

MF1《花卉图》（1983年4月1日）
（全套10枚，图为第1枚"牡丹"）

4. 礼仪邮资信封（LF）

为配合礼节和仪式的宣传或传情达意而专门设计发行的邮资信封称为礼仪邮资信封，字母代号为LF。我国于1995年5月5日首次发行一组礼仪邮资信封，全套5枚，有生日封、婚庆封、教师封、邀请封、致哀封。每个信封内含有生日卡、婚庆卡、敬师卡、邀请卡、致哀卡各1枚。

从1999年2月10日发行LF1《恭贺新禧》到2000年1月20日，共发行"恭贺新禧""福寿延年""喜事连连""恭贺新春""四季平安""爱心永驻""迎春接福"等7枚礼仪邮资信封。

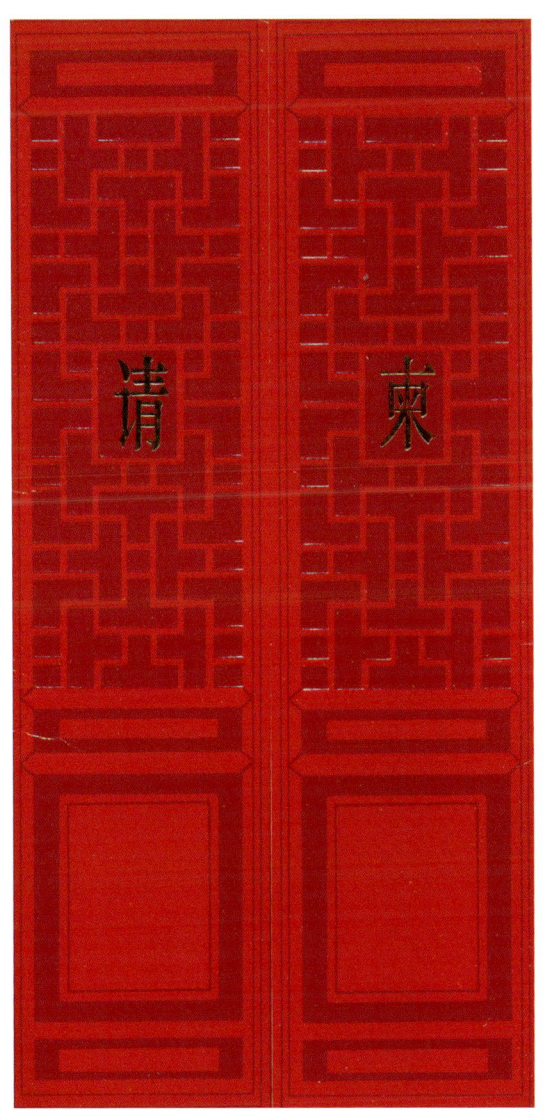

邀请封"内的"邀请卡

"礼仪信函"（5-4）（1995年5月5日）（邀请封）

婚庆封"内的"婚庆卡

"礼仪信函"（5-2）（1995年5月5日）（婚庆封）

LF3《喜事连连》（1999年2月10日）

5. 专用邮资信封（ZF）

邮政部门利用普通邮资信封（PF）印上有关部门单位邮政信箱编号，统一使用的信封称为专用邮资信封，字母代号为ZF。1996年6月发行了ZF1《正阳门箭楼》专用邮资信封。截至2001年5月我国已发行"正阳门箭楼""天坛""颐和园十七孔桥"等6枚专用邮资信封。

ZF1《正阳门箭楼》专用邮资信封（1996年6月）

6. 航空邮资信封（HF）

邮政部门印有航空邮资图的航空信封、纪念信封称为航空邮资信封。中国人民邮政第一个航空邮资信封是 1984 年 12 月 7 日发行的 JF3《国际民航组织成立四十周年》纪念邮资信封。

JF3《国际民航组织成立四十周年》（1984 年 12 月 7 日）（纪念邮资信封）
（正面及背面）

7.邮资标签信封

贴有邮资标签的信封称为邮资标签信封。邮资标签又称邮资签条、邮资机券,是邮政部门采用电子程序控制的自动邮资机印售的一种票签式标志。邮资标签一般由邮政日戳和邮资戳组合而成,还有的由宣传戳、邮政日戳和邮资戳组合而成。邮资标签信封是加盖了邮资戳、邮政日戳的信封,有的还加盖了纪念宣传戳。邮资标签信封适用于单位批量邮件使用。

邮资标签信封

邮资标签信封(2015年11月24日)

加盖"活动纪念邮资标签"的邮资标签信封

贴"活动纪念邮资标签"的邮资标签信封（1993年9月23日）

二、实寄信封

邮政部门盖有相应邮戳的各种信函封套称为实寄信封。实寄信封上一般有邮票、邮戳、邮政签条、相关文字等内容，反映了邮票的发行和使用情况，记录了邮政业务、邮政资费、邮件传送路线的变化情形及传递日期等，是邮政史的重要证物之一，备受集邮者关注。

实寄信封,俗称实寄封,种类繁多,最常见的有自然实寄封、首日实寄封、原地实寄封、纪念实寄封、军邮实寄封、贺年实寄封、公事实寄封等。无论哪种实寄封，总是记录了比邮票更多的邮政信息，因此深受广大集邮者的重视，所以实寄封是集邮者收藏、研究及组专题邮集重要的集邮品。通常在信封上贴上邮票，经邮局盖上邮政日戳，邮寄的自然实寄封是人们传递信息的重要工具。实寄封主要分为以下两类。

1. 首日封

在邮票发行首日，用纪念信封或普通信封贴一枚或全套邮票，在首日盖上纪念邮戳及普通邮政日戳并盖销邮票，经邮局实际寄递的信封称首日封。实寄首日封背面应盖有落地邮戳。凡未经实寄的首日封称为"销印首日封"。首日封起源于美国，1919年3月3日美国发行《第一次世界大战胜利》纪念邮票时，华盛顿一个邮商特备信封，于发行纪念邮票首日贴上这套纪念邮票，送到邮局实寄，收到一枚纪念邮票首日实寄封，受到藏友的欢迎。以后，每当美国发行新邮票，都有许多集邮收藏者交寄首日封。中华人民共和国邮票第　枚首日封是1957年11月7日由夏中汉设计，中国集邮公司发行的纪44《伟大的十月社会主义革命四十周年》纪念邮票首

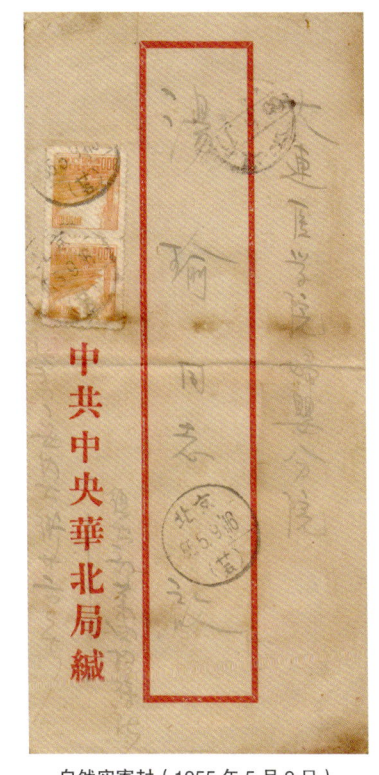

自然实寄封（1955年5月9日）
（贴普7天安门图案邮票实寄封）

日封。"首日封"这个集邮品问世后，以完美的艺术性、邮政资料的丰富性、收集过程中的趣味性，深受集邮者的喜爱。广大集邮者除收藏各类邮票外，在收藏信封类集邮品中，首日封是重要藏品。首日封可分为以下四种。

（1）中国集邮总公司发行的首日封：国家邮政部门在发行纪念、特种、普通等邮票的首日，中国集邮总公司都要制作并发行新邮首日封，字母代号为FDC。总公司的首日封是广大集邮者收藏首日封的重要藏品。总公司首日封分首日实寄封和销印首日封2种。总公司1983年11月29日发行了J99《中华全国集邮展览·1983·北京》纪念邮票首日实寄封。总公司1988年12月25日发行了T129《中国兰花》特种邮票首日实寄封。总公司1989年10月1日发行了J163《中华人民共和国成立四十周年》小型张首日实寄封。

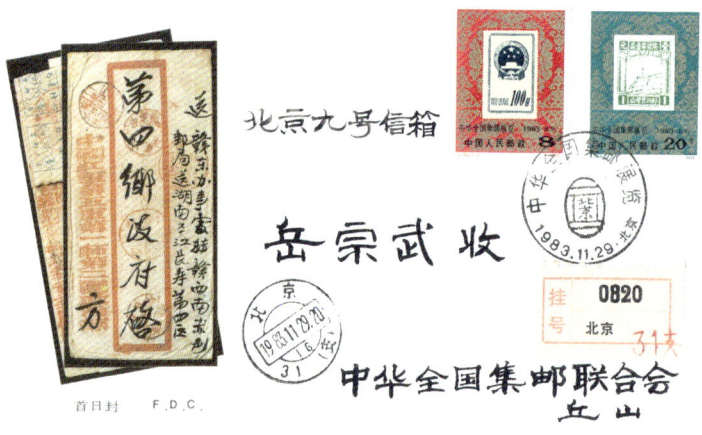

J.99《中华全国集邮展览1983·北京》纪念邮票

为纪念中华全国集邮展览在北京举办，邮电部于1983年11月29日发行《中华全国集邮展览1983·北京》纪念邮票一套两枚，面值共0.28元。

第一图：票中票（国徽）
第二图：票中票（延安宝塔山）
首日封图案为票中封，采用中国工农红军时期的珍贵实寄封。 纪念邮戳图案为戳中戳，采用1878年的北京邮戳。

J.99 "China National Philatelic Exhibition 1983·Beijing" Commemorative Stamps

The China National Philatelic Exhibition is being held in Beijing. To mark the event, the Ministry of Posts and Telecommunications released on Nov. 29, 1983 a set of two commemorative stamps entitled "China National Philatelic Exhibition 1983 Beijing". The total face value is RMB 0.28.

Stamp 1: National Emblem (a type of stamp on stamp)
Stamp 2: Baotashan — Pagoda Hill, Yanan (a type of stamp on stamp)
The design of FDC is adopted a type of cover on cover bearing rare entire covers of the period of the Chinese Workers' and Peasants' Red Army.
The design of the commemorative cancellation is adopted a type of postmark on postmark depicting a Beijing Postmark of 1878.

邮票、邮戳、首日封设计者：黄里　　　　　The designer of stamps, cancellation and FDC is Huang Li.

J99《中华全国集邮展览·1983·北京》纪念邮票首日实寄封（1983年11月29日）
（正面及背面）

J163《中华人民共和国成立四十周年》小型张首日实寄封（1989年10月1日）

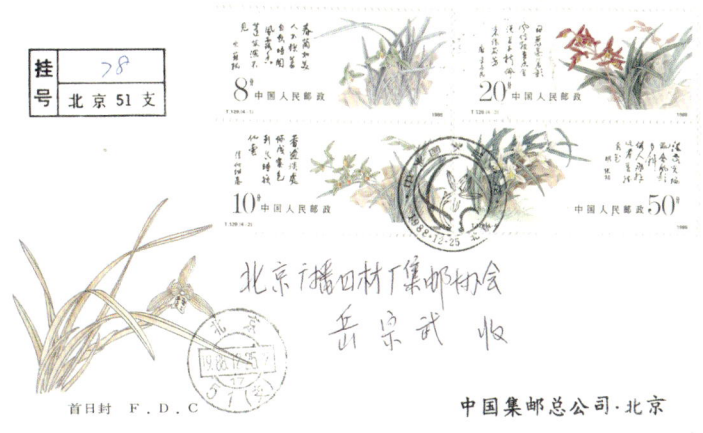

T129《中国兰花》特种邮票首日实寄封（1988年12月25日）（正面及背面）

（2）原地首日封：自邮票主题发生地制作邮寄的首日封。湖南省韶山邮电局1983年12月26日在发行J97《毛泽东同志诞辰九十周年》纪念邮票时，在毛泽东同志故乡韶山发行了原地首日实寄封。广东省梅县市邮票公司1987年4月28日在发行J138《叶剑英同志诞生九十周年》纪念邮票时，在叶剑英同志故乡梅县市雁洋发行了原地首日实寄封。1988年7月2日发行J150M《中国大龙邮票发行一百一十周年》小型张时，在中国第一套大龙邮票发行地天津市，由天津市邮票公司发行了原地销印首日封。

J97《毛泽东同志诞辰九十周年》原地首日实寄封（1983年12月26日）

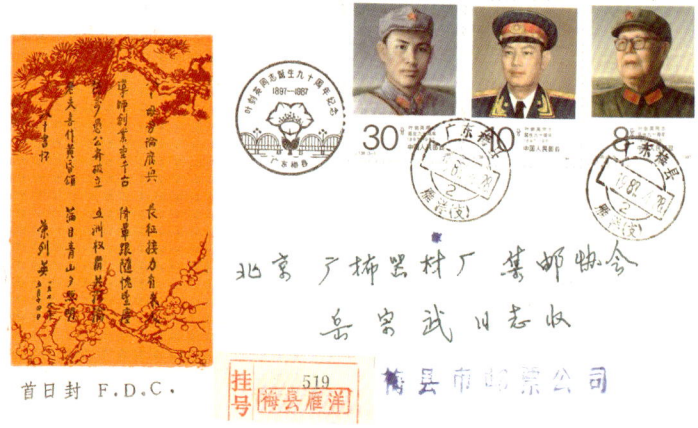

J138《叶剑英同志诞生九十周年》原地首日实寄封（1987年4月28日）

J150M《中国大龙邮票发行一百一十周年》原地销印首日封（1988年7月2日）

（3）全国各省市邮票公司发行的首日封：国家邮政部门发行纪念、特种邮票的首日，全国各省市邮票公司也发行邮票首日封，以满足当地集邮者的收藏需求。天津市邮票公司 1985 年 3 月 15 日发行了 T105《中国残疾人》特种邮票首日封。北京市邮票公司 2003 年 10 月 4 日发行了 B–F.D.C2003–18《重阳节》特种邮票首日封。

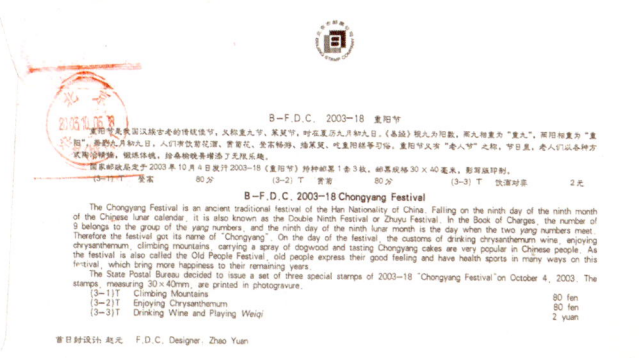

北京市邮票公司发行的 B–F.D.C 2003–18《重阳节》特种邮票销印首日封
（2003 年 10 月 4 日）（正面及背面）

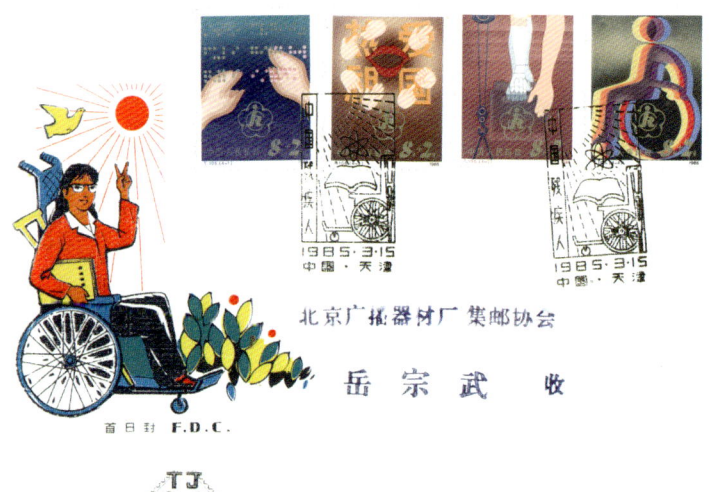

天津市邮票公司发行的T105《中国残疾人》特种邮票首日封
（1985年3月15日）（正面及背面）

无锡市集邮公司发行的1995-1《乙亥年——猪》特种邮票首日实寄封
（1995年1月5日）

（4）自制首日封：指非官方发行，而由个人自行设计绘画制作的首日封。自制首日封按个人特点设计，数量少，增加了集邮的乐趣，并丰富了集邮品的收藏。

1）纪念邮票自制首日实寄封：利用纪念邮票制作的首日封为纪念邮票自制首日封。1984年7月28日发行了J103《第二十三届奥林匹克运动会》纪念邮票制作的纪念邮票自制首日实寄封。

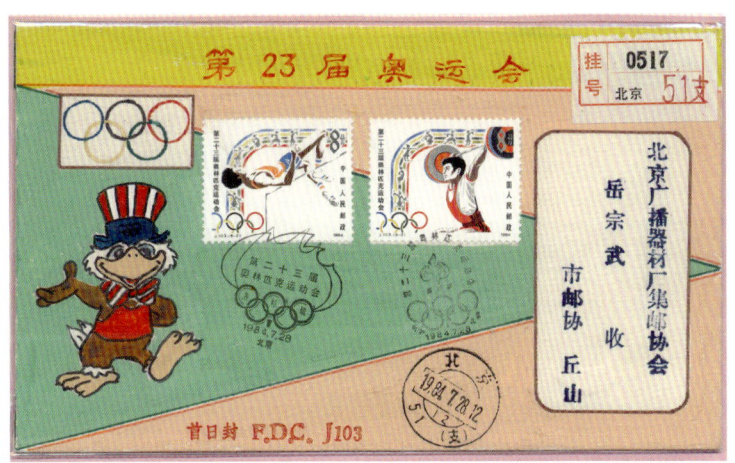

J103《第二十三届奥林匹克运动会》纪念邮票自制首日实寄封（1984年7月28日）

2）特种邮票自制首日实寄封：利用特种邮票制作的首日封为特种邮票自制首日封。1983年1月5日、4月5日和5月24日分别发行了T80《癸亥年》、T84《皇帝陵》、T85《扬子鳄》特种邮票制作的特种邮票自制首日实寄封。

T80《癸亥年》特种邮票
自制首日实寄封
（1983年1月5日）

T84《黄帝陵》特种邮票自制首日实寄封
（1983年4月5日）

T85《扬子鳄》特种邮票
自制首日实寄封
（1983年5月24日）

3）纪念邮票自制销印首日封：1981年9月25日、6月30日和10月27日分别发行了J67《纪念鲁迅诞生一百周年》、J71《中国乒乓球队荣获七项世界冠军纪念》，发行了J73《亚洲议员人口和发展会议》纪念邮票制作的"纪念邮票自制销印首日封"。

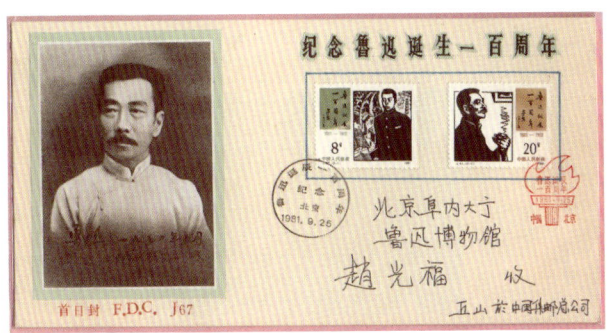

J67《纪念鲁迅诞生一百周年》纪念邮票自制销印首日封
（1981年9月25日）

J71《中国乒乓球队荣获七项世界冠军纪念》纪念邮票自制销印首日封
（1981年6月30日）

J73《亚洲议员人口和发展会议》纪念邮票自制销印首日封
（1981年10月27日）

4）特种邮票自制销印首日封：1981年7月20日、11月20日发行了T67《庐山风景》和T69《红楼梦——金陵十二钗》特种邮票制作的特种邮票自制销印首日封。

T67《庐山风景》特种邮票自制销印首日封
（1981年7月20日）

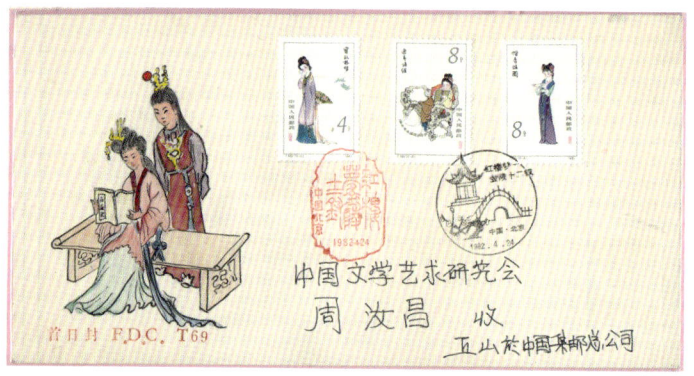

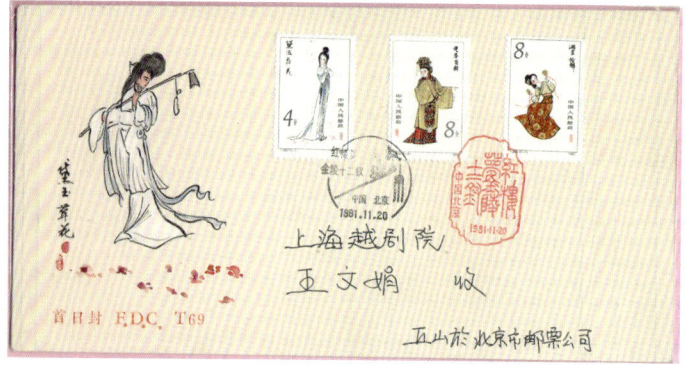

T69《红楼梦——金陵十二钗》特种邮票自制销印首日封
（1981年11月20日）

2. 纪念封

为纪念某个事件、活动、人物等由邮政部门或其他单位专门设计、印制，贴有主题邮票，盖纪念邮戳及邮政日戳，并印有相关文字，有的还有系列编号的信封，统称纪念封。纪念封有官制及非官制两种。非官制的种类甚多，有集邮组织的，也有单位的。纪念封大致可分为以下七类。

（1）中国集邮总公司发行的纪念封：为国内外重大事件、活动印制、发行的纪念封，字母代号为PFN。自1983年至今，中国集邮总公司年年发行纪念封。1985年10月13日发行了PFN-10《中国人民革命战争时期邮票展览纪念》纪念封。

PFN-10《中国人民革命战争时期邮票展览纪念》纪念封
（正面及背面）（1985年10月13日）

（2）北京市邮票公司发行的纪念封：为配合国内外及北京市重大活动，设计印制发行的纪念封，字母代号为 B.J.F。北京市邮票公司自 1984 年开始制作发行纪念封。1984 年 7 月 8 日发行了 B.J.F-1《"新中国、新北京"知识竞赛咨询日，北京市首次群众邮票交换日》纪念封。北京市郊区邮票公司 1988 年 8 月 1 日发行了 BJJF-1《北京市郊区邮票公司成立纪念》纪念封。

B.J.F-1《"新中国、新北京"知识竞赛咨询日，北京市首次群众邮票交换日》纪念封
（1984 年 7 月 8 日）

BJJF-1《北京市郊区邮票公司成立纪念》纪念封
（1988 年 8 月 1 日）

（3）中国邮票博物馆印制的纪念封：在举办各种活动时，印制纪念封，丰富集邮者藏品，字母代号为ZF。1986年7月19日举办"世界动物邮票展览"时印制了纪念封。同年11月22日举办"西班牙邮票展览"时印制了纪念封。1995年1月5日中国邮票博物馆与上海造币厂联合制作了《乙亥年》生肖系列镀金纪念币封。

ZF3（86）《世界动物邮票展览》纪念封
（1986年7月19日）

ZF5（86）《西班牙邮票展览》纪念封（1986年11月22日）

BX-1《乙亥年》生肖系列镀金纪念币封（1995年1月5日）

（4）中华全国集邮联合会印制的纪念封：1982年1月30日，中华全国集邮联合会在北京宣告成立，并开始制作发行纪念封。每逢联合会举办各种活动都制作纪念封，字母代号为JYL。

JYL3《中华全国集邮联合会第三次代表大会》纪念封（1990年11月26日）

JYL5《中华全国集邮联合会成立十周年暨表彰大会》纪念封（1992年10月13日）

JYL15《中华全国集邮联合会成立二十周年，集邮先进集体和集邮先进个人表彰大会》纪念封（2002年8月26日）

（5）北京市集邮协会印制的纪念封：北京市集邮协会自1981年10月成立以后，举办有关集邮活动时，会制作各种纪念封，如《北京市集邮协会成立纪念》纪念封、《北京市集邮协会第二次代表大会纪念》纪念封、《庆祝北京市集邮协会成立五周年》纪念封。

《北京市集邮协会成立纪念》纪念封（1981年10月30日）

《北京市集邮协会第二次代表大会纪念》纪念封（1985年3月26日）

《庆祝北京市集邮协会成立五周年》纪念封（1986年10月30日）

（6）北京市西城区集邮协会印制的纪念封：西城邮协成立以来，每逢举办重大集邮活动都印制纪念封。西城邮协1986年1月26日成立时印制了纪念封。1992年10月18日，西城邮协主办"北京市四季集邮活动日·秋·月坛"活动时印制了纪念封。2014年9月21日，西城邮协与外交封爱好者联谊会联合举办"《庆祝建国六十五周年》暨新中国外交成就集邮文化联谊活动"时印制了纪念封。

BXJ-1《北京市西城区集邮协会成立纪念》纪念封（1986年1月26日）

《北京市四季集邮活动日·秋·月坛》纪念封
（1992年10月18日）

《〈庆祝建国六十五周年〉暨新中国外交成就集邮文化联谊活动》纪念封
（2014年9月21日）

（7）各集邮组织及单位制作的纪念封：每年全国各地集邮组织及有关单位配合活动印制的纪念封。1987年10月31日，北京市集邮协会老年集邮会成立时印制了纪念封；外交封爱好者联谊会组织"新中国六十年外交光辉历程集邮展览"时印制了纪念封；全国总工会邮协祝贺中华全国总工会成立九十周年时印制了纪念封。

《北京市集邮协会老年集邮会成立暨第一届邮展纪念》纪念封
（1987年10月31日）

第三章 集邮品的基本知识

《新中国六十年外交光辉历程集邮展览》纪念封（2009年8月28日）

《庆祝中华全国总工会成立九十周年》纪念封（2015年5月1日）

三、其他类信封

集邮类信封品种很多，除比较广泛的邮资封、首日封、纪念封外，还有以下八类。

1. 原地封

从邮票主题事物所在的原地，贴邮票主题邮票，盖相应的纪念戳及邮政日戳，在原地寄出的信封，称为原地封。1984年5月29日发行了J102《中国红十字会成立八十周年》，在北京市红十字会邮寄了原地封。2005年4月1日发行个8《长城》个性化服务专用邮票时，在八达岭长城邮寄了原地封。2005年8月28日发行2005-17《中国电影诞生一百周年》时，在北京骡马市原丰泰照相馆邮寄了原地封。

《中国红十字会成立八十周年》实寄原地封（1984年5月29日）

YDF-3《长城》个性化服务专用邮票首日实寄原地封（2005年4月1日）

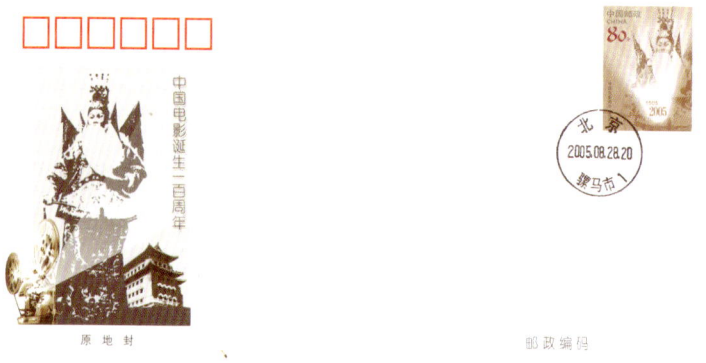

YDF-4 2005-17《中国电影诞生一百周年》原地封（2005年8月28日）

2. 极限封

在信封上印有与某种邮票主图相同的图案，并贴有该种邮票，同时加盖与该种邮票有直接关系的地名邮戳，这种图案、邮票、邮戳三者同一主题的信封称为极限封，字母代号为 PJF。中华人民共和国第一套极限封是 1994 年 3 月 18 日发行的 PJF-1 1994-3《鲟》特种邮票极限封，全套 4 枚。同年 6 月 25 日发行了 PJF-2 1994-9《中国古代文学家》（第二组）纪念邮票极限封，全

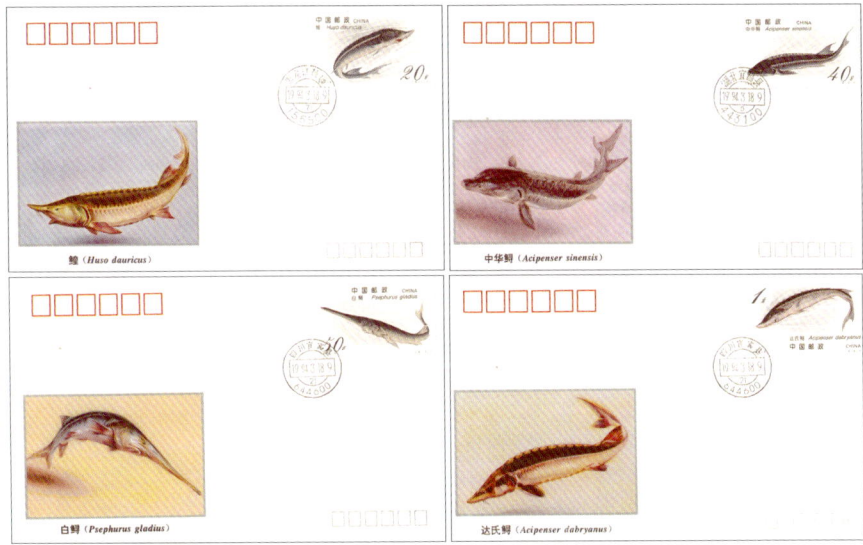

PJF-1 1994-3《鲟》特种邮票极限封（全套 4 枚）（1994 年 3 月 18 日）

PJF-2 1994-9《中国古代文学家》（第二组）纪念邮票极限封
（1994 年 6 月 25 日）

套4枚。

3. 签字封

在首日封、纪念封上请名人及设计者签字的信封称为签字封。因请名人签字较难,所以签字封是比较珍贵的收藏品,深受集邮者的喜爱。特种邮票设计师程传理在T103《梅花》特种邮票首日封上签字。相声大师马三立在《中国相声节》纪念封上签字。设计师刘敦、张石奇在PFBN-6《拜年封》上签字。

T103《梅花》特种邮票首日封(邮票设计师程传埋签字封)(1987年8月)

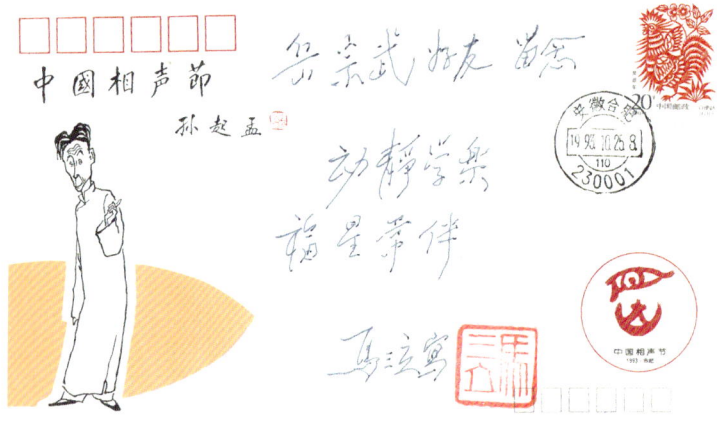

《中国相声节》纪念封(相声大师马三立签字封)(1993年10月25日)

第三章 集邮品的基本知识

PFBN-6《拜年封》（拜年封设计师刘敦、张石奇签字封）（1998年1月27日）

4. 迎春封

迎春纪念封
（1984年2月1日—2月2日）

我国集邮界自20世纪80年代兴起的集邮趣味封，迎春封、辞旧迎新封即属此类。在农历除夕，贴上当年生肖邮票，加盖邮政日戳，次日（即农历新年春节）再贴上新年生肖邮票，加盖春节邮政日戳，使同一枚信封上盖有前一年生肖尾日与新年生肖首日邮戳的信封称为迎春封。北京市邮票公司从甲子年（1984年）起至今，每年春节发行迎春纪念封，如1984年2月1日（腊月三十）24点邮戳盖销猪票，1984年2月2日（正月初一）零点邮票盖销甲子年鼠票，表示辞旧迎新、鼠年大吉，2012年发行辛卯年（兔年）到壬辰年（龙年）的迎春封，表达辞旧迎新之意。除北京外，还有许多省市邮票公司发行迎春封，供集邮者收藏。

113

迎春封　　　　　　　　　　　　　　　　　邮政编码

迎春封（2012年1月22日—1月23日）

5. 军邮封

　　盖有军邮戳记或贴有军用邮票，由军邮局、站交寄的信封称为军邮封。世界上最早的军邮信封出现于1870年，是北德意志联邦供普法战争时普鲁士军队使用的。中国军邮开办于1913年。中华人民共和国成立后，1953年8月曾发行"军人贴用"邮票，后来停用，改用三角形"义务兵免费信件"军戳。1995年8月1日又发行"义务兵贴用"邮票，后停用。现仍使用三角形免费军戳。

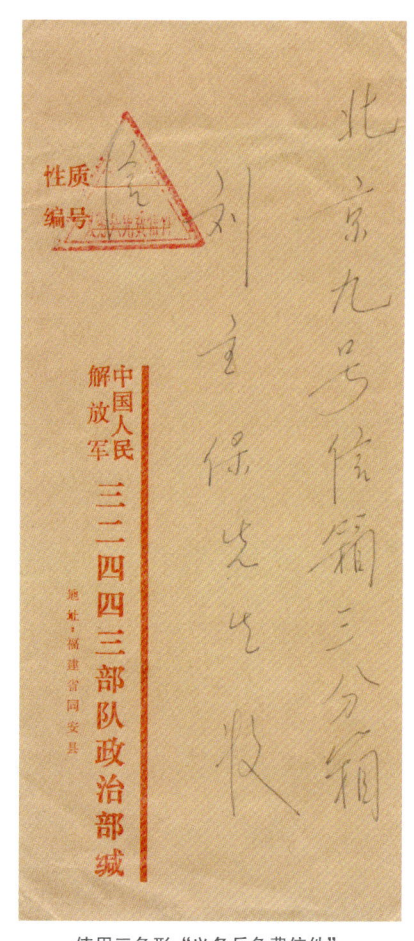

使用三角形"义务兵免费信件"军戳的军邮实寄封

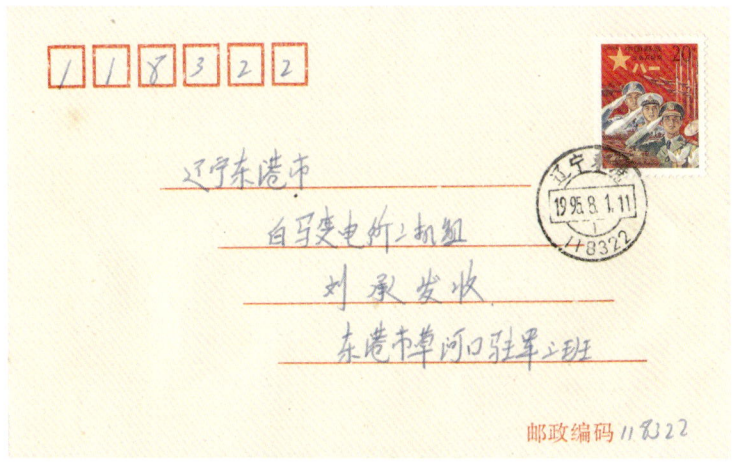

贴"义务兵贴用"邮票,军邮首日实寄封(1995年8月1日)

6. 镶嵌封

将纪念章、硬币、纪念币镶嵌在首日封、纪念封上,统称为镶嵌封。镶嵌封包括镶嵌纪念章封、纪念邮币封等。1983年邮电部、全国集邮联等五个单位举办"中华全国集邮展览",中国邮票总公司首次发行"镶嵌铜质邮展纪念章"镶嵌纪念封。为满足广大集邮者的需要,北京市邮票公司从1984年开始发行镶嵌"甲子年铜章"首日封。从1984年甲子年开始,连续发行12年。

《中华全国集邮展览·1983·北京》镶嵌铜质邮展纪念章镶嵌纪念封
(1983年11月29日)

镶嵌"甲子年铜章"首日封（1984年1月5日）

  为加强北京、华盛顿两市及中美两国人民友好往来，扩大两国间的经济贸易合作，"中国北京市经济贸易展览会"于1985年在美国华盛顿举行。北京市邮票公司特发行纪念邮币封一枚，纪念封上镶嵌壹圆《长城》硬币一枚。中国人民银行1995年11月16日发行《金丝猴》特种流通纪念币一枚，面值5元，中国集邮总公司特发行PFB-18《金丝猴》纪念币封一枚，纪念币封上镶嵌5元《金丝猴》特种流通纪念币一枚。

B.J.F—6

B.J.F—6《中国北京市经济贸易展览会（华盛顿）》纪念邮币封（1985年10月4日）

第三章 集邮品的基本知识

PFB-18《金丝猴》纪念邮币封（1995年11月16日）

7. 盲人读物封

在纪念封上贴有盲文标签供盲人阅读的信封称为盲人读物封。在2010年5月12日全国防灾减灾日，外交封爱好者联谊会制作了《防灾减灾关爱生命》盲人读物封，深受盲人集邮者的喜爱。

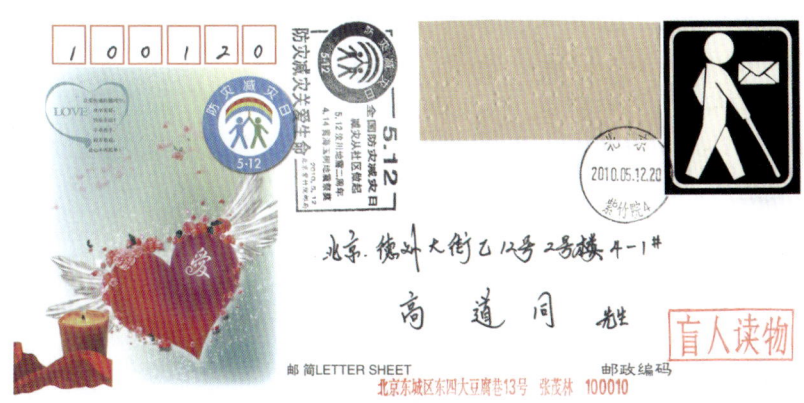

《防灾减灾关爱生命》盲人读物封（2010年5月12日）

8. 挂号套封

邮政部门专门印制为重要邮件套寄的信封称为挂号套封。下图是江西省新余市邮政局于2010年5月10日为明信片加盖了纪念邮戳而寄回的挂号套封。挂号套封比较少用，具有一定的收藏价值。

117

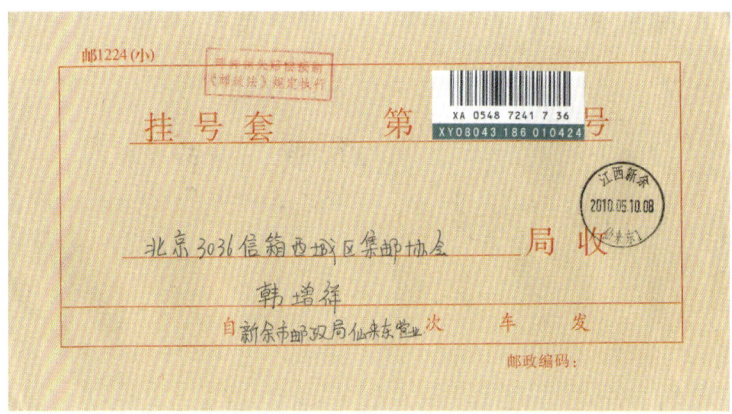

挂号套封（2010年5月10日）

四、中国集邮总公司发行的信封

中国集邮公司成立于1955年1月10日。1969年1月中国集邮公司撤销。1978年7月1日，中国集邮总公司国内营业部在北京开业。根据中华人民共和国原邮电部指令，中国集邮总公司一直负责全国性的集邮品制作及发行工作，所发行的集邮品享有国家级邮品的盛誉。中国集邮公司1957年11月开始发行首日封，1982年8月开始发行纪念邮资封，随后又发行各类纪念封，深受广大集邮者的欢迎。中国集邮总公司发行的集邮品是广大集藏爱好者收藏的重点。中国集邮总公司发行的信封可分为以下五类。

1. 首日封（FDC）

中国集邮总公司发行的首日封有以下五种。

（1）普通邮票首日封：在发行普通邮票时印制的普通邮票首日封。1997年4月1日发行普29《万里长城（明）》普通邮票时，总公司印制了普通邮票首日封。

（2）纪念邮票首日封：在发行纪念邮票时印制的纪念邮票首日封。2003年12月6日发行了2003-25《毛泽东同志诞生一百一十周年》纪念邮票首日封。

普29《万里长城（明）》普通邮票首日封（1997年4月1日）

2003-25《毛泽东同志诞生一百一十周年》纪念邮票首日封（2003年12月6日）

（3）特种邮票首日封：在发行特种邮票时印制的特种邮票首日封。2015年1月5日发行了2015-1《乙未年》特种邮票首日封。

（4）小型张首日封：在发行邮票小型张时印制的小型张首日封。1990年6月20日发行了T151M《秦始皇陵铜车马》邮票小型张首日封。

（5）个性化服务专用邮票首日封：在发行个性化专用服务邮票时印制的个性化服务专用邮票首日封。2011年5月21日发行了个22《中国共产党党徽》个性化服务专用邮票首日封。

2015-1《乙未年》特种邮票首日封（2015年1月5日）

T151M《秦始皇陵铜车马》邮票小型张首日封（1990年6月20日）

个22《中国共产党党徽》个性化服务专用邮票首日封（2011年5月21日）

2. 纪念封（PFN）

中国集邮总公司为国内外重大事件、活动等内容印制发行系列的纪念封，字母代号为PFN。总公司从1983年至今发行了纪念封100多套。如PFN-3《中华全国集邮展览·1983·北京》，PFN-18《首都纪念孙中山先生诞辰一百二十周年大会》，GPJF-1·14《第29届奥林匹克运动会体操女子团体冠军》纪念封，2011-2《中国共产党成立九十周年纪念》纪念封。

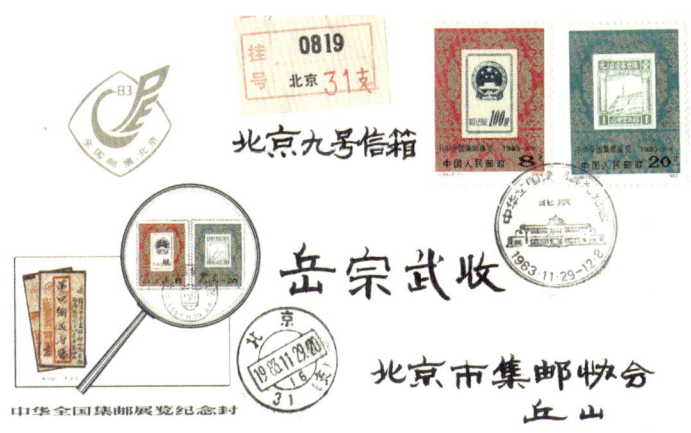

PFN-3《中华全国集邮展览·1983·北京》（1983年11月29日）

PFN-18《首都纪念孙中山先生诞辰一百二十周年大会》（1986年11月12日）

GPJF-1·14《第29届奥林匹克运动会体操女子团体冠军》纪念封（2008年8月13日）

PFN2011-2《中国共产党成立九十周年纪念》纪念封（2011年7月1日）

3. 外展封（WZ）

为中国参加历届世界邮票展览及世界各国在中国举办邮票展览，由中国集邮总公司发行的国际邮展系列纪念封统称外展封，字母代号为WZ。从1981年5月22日发行WZ1《纪念中国参加维也纳国际邮票展览》外展封，到2003年共发行95套外展封。如1982年11月8日发行WZ5《澳大利亚邮票展览》外展封，1985年4月16日发行WZ25《中印集邮展览》外展封，2003年10月4日发行WZ2003-1《中国参加泰国曼谷2003年世界邮票展览纪念》外展封。

第三章 集邮品的基本知识

WZ5《澳大利亚邮票展览》外展封（1982 年 11 月 8 日）

 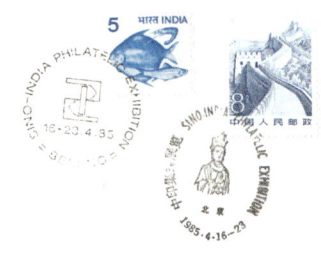

WZ25《中印集邮展览》外展封（1985 年 4 月 16 日）

WZ2003-1《中国参加泰国曼谷 2003 年世界邮票展览纪念》外展封（2003 年 10 月 4 日）

4. 拜年封（PFBN）

从 1993 年春节开始，在发行第二轮生肖邮票时，中国集邮总公司特为中央电视台春节联欢晚会发行拜年封一枚，并呈上春联一副。拜年封贴当年及次年生肖邮票，腊月二十三日（小年）发行，盖销大年初一日戳。自 2015 年发行拜年邮票开始，拜年封贴拜年邮票。总公司拜年封自 1993 年每年发行一枚。如 PFBN-1，贴第二轮生肖邮票拜年封；PFBN-12，贴第三轮生肖邮票拜年封；PFBN-23，贴拜年邮票的拜年封。

PFBN-1 拜年封（1993 年 1 月 23 日）

PFBN-12 拜年封（2004 年 1 月 21 日）

PFBN-23 拜年封（2015 年 2 月 18 日）

5. 特种纪念封（PFTN）

中国集邮总公司为国内外重大事件、活动等内容专门印制的系列特种纪念封，字母代号为 PFTN。特种纪念封的特点是由中国集邮总公司与纪念封主题有关国家实寄，并贴有关国家邮票，是比较珍贵的集邮品。1993 年 9 月 22 日发行了第一套《中国工程兵大队赴柬埔寨参加联合国维持和平行动》特种纪念封，截至 2015 年共发行 78 套特种纪念封，如 PFTN-12《世界电影诞生一百周年，中国电影诞生九十周年》特种纪念封全套 2 枚，PFTN-14《中国参加第二十六届奥林匹克运动会纪念》特种纪念封，《中国参加第二十六届奥林匹克运动会体育代表团凯旋纪念》特种纪念封全套 2 枚。总公司的特种纪念封是广大集邮者收藏封类邮品的重点收藏邮品。

PFTN-12（2-1）《世界电影诞生一百周年，中国电影诞生九十周年》特种纪念封
（1995 年 10 月 18 日）

PFTN-12（2-2）《世界电影诞生一百周年，中国电影诞生九十周年》特种纪念封（1995年10月18日）

PFTN-14（2-1）《中国参加第二十六届奥林匹克运动会纪念》特种纪念封（1996年7月19日）

PFTN-14（2-2）《中国参加第二十六届奥林匹克运动会体育代表团凯旋纪念》特种纪念封（1996年8月5日）

中国集邮总公司发行的特种纪念封有以下五种。

（1）外交封（PFTN·WJ）。1999年中国集邮总公司与中华人民共和国外交部集邮协会开始联合发行外交系列特种纪念封，受到广大集邮者的喜爱。外交封是与中华人民共和国建交十周年以上的国家在建交逢十年（二十年或三十年等）时，两国联合发行的建交纪念封，以及国家元首来我国进行国事访问时印制的"总统封"，统称外交封，外交封的字母代号为PFTN·WJ。第一套外交封是1999年1月1日发行的《中华人民共和国与美利坚合众国建交二十周年纪念》纪念封，截至2009年10月10日，共发行179套外交封。2006年5月30日发行PFTN·WJ（C）-1《中华人民共和国与阿拉伯埃及共和国建交五十周年纪念》纪念封，截至2009年9月11日PFTN·WJ（C）-29，共发行29套外交封。

PFTN·WJ-1《中华人民共和国与美利坚合众国建交二十周年纪念》纪念封
（1999年1月1日）

PFTN·WJ（C）-1《中华人民共和国与阿拉伯埃及共和国建交五十周年纪念》
纪念封（2006年5月30日）

从2010年1月18日发行PFTN·WJ2010-1《中华人民共和国与越南社会主义共和国建交六十周年纪念》外交封到2015年11月9日发行PFTN·WJ2015-20《蒙古国总统查黑亚·额勒贝格道尔吉对中华人民共和国进行国事访问纪念》外交封,共发行编年编号外交封114套。如2011年4月12日发行的PFTN·WJ2011-1《巴西联邦共和国总统迪尔玛·罗塞芙对中华人民共和国进行国事访问纪念》,2003年11月1日发行的PFTN·WJ-138《中华人民共和国与摩洛哥王国建交四十五周年纪念》外交封。从1999年到2015年共发行322套外交封。

PFTN·WJ2011-1《巴西联邦共和国总统迪尔玛·罗塞芙对中华人民共和国进行国事访问纪念》外交封(2011年4月12日)

PFTN·WJ-138《中华人民共和国与摩洛哥王国建交四十五周年纪念》外交封
(2003年11月1日)

（2）体育封（PFTN·TY）。自2001年7月北京成功申办2008年奥运会，中国集邮总公司开始发行体育封，字母代号为PFTN·TY，截至2015年已发行体育封39套。如PFTN·TY-8《北京申办2008年奥运会成功纪念》体育封、PFTN·TY-10《参加2002年世界杯足球赛纪念》体育封、PFTN·TY-16《中国队夺得第九届世界杯女排赛冠军纪念》体育封。

PFTN·TY-8《北京申办2008年奥运会成功纪念》体育封
（2001年7月14日）

PFTN·TY-10《参加2002年世界杯足球赛纪念》体育封
（2002年5月31日）

PFTN·TY-16《中国队夺得第九届世界杯女排赛冠军纪念》体育封（2003年11月16日）

（3）航天封（PFTN·HT）。1999年我国首次发射"神舟"飞船，中国集邮总公司开始发行航天系列特种纪念封，字母代号为PFTN·HT。从1999年到2015年共发行航天封77套。如首次发射"神舟"飞船及发射"神舟二号"飞船航天封；2003年10月15—16日为庆祝中国"神舟"飞船首次载人航天飞行成功发射、飞行、回收，发行实寄纪念封，编号为PFTN·HT-16，全套3枚。

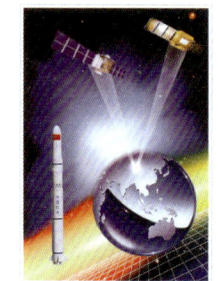

PFTN·HT-1《长征四号乙（CZ-4B）运载火箭发射风云一号、
实践五号卫星纪念》纪念封（1999年5月10日）

第三章 集邮品的基本知识

PFTN·HT-3《长征二号F运载火箭首次发射"神舟"飞船纪念》纪念封
（1999年11月20日）

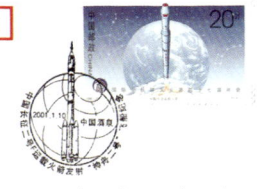
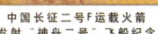

PFTN·HT-10《中国长征二号F运载火箭发射"神舟二号"飞船纪念》
纪念封（2001年1月10日）

PFTN·HT-16《中国神舟飞船首次载人航天飞行成功》发射·飞行·回收实寄纪念封
（封套）（2003年10月15日）

131

北京宣武区宣武门东大街2号
中国集邮总公司　收
中国酒泉卫星发射中心
邮政编码：732750

PFTN·HT-16（3-1）《中国神舟飞船首次载人飞行发射纪念》纪念封
（2003年10月15日9点）

北京宣武区宣武门东大街2号
中国集邮总公司　收
中国北京航天城
邮政编码：100094

PFTN·HT-16（3-2）《中国神舟飞船首次载人飞行纪念》纪念封
（2003年10月15日20点）

北京宣武区宣武门东大街2号
中国集邮总公司　收
内蒙古自治区四子王旗
邮政编码：011800

PFTN·HT-16（3-3）《中国神舟飞船首次载人飞行回收纪念》纪念封
（2003年10月16日8点）

（4）科技封（PFTN·KJ）。中国集邮总公司自2003年开始发行科技系列特种纪念封，统称科技封，字母代号为PFTN·KJ，截至2015年共发行科技封32套，如PFTN·KJ-1、PFTN·KJ-2、PFTN·KJ-3是为纪念中国科学技术发展成果而发行的三套科技封。

PFTN·KJ-1《中国科学技术发展——国家知识创新工程实施纪念》纪念封（2003年6月9日）

PFTN·KJ-2《中国科学技术发展——中国神舟飞船首次载人飞行成功纪念》纪念封（2003年10月）

PFTN·KJ-3《中国科学技术发展——创新一号小卫星发射成功纪念》纪念封（2003年10月）

（5）教育封（PFTN·JY）。中国集邮总公司自 2001 年开始发行中国著名高等院校系列特种纪念封，统称教育封，字母代号为 PFTN·JY。截至 2015 年共发行 30 套教育封，如 PFTN·JY-1、PFTN·JY-9、PFTN·JY-11，分别为"北京大学""北京师范大学""大连理工大学"教育封。

PFTN·JY-1《中国著名高等院校——北京大学》纪念封（2001 年 12 月 14 日）

PFTN·JY-9《中国著名高等院校——北京师范大学》纪念封（2002 年 9 月 8 日）

PFTN·JY-11《中国著名高等院校——大连理工大学》纪念封（2002 年 9 月 10 日）

第二节　明信片

邮政部门或非邮政部门，按一定规格及纸质要求印制、发行，供书写通信内容使用，无须另装封套，只要按规定贴足邮资，便可直接交邮局邮递的硬纸卡片称明信片。世界上第一种明信片是奥地利于1869年10月发行的。中国最早的明信片发行于清光绪二十三年（1897年）10月，为邮资1分蟠龙图（红色）。中国人民邮政最早的明信片是1949年旅大邮电管理局发行的"工人图"明信片。明信片按题材分类很多，也是集邮者喜欢收藏、研究的集邮品。

一、邮资明信片

按我国邮电主管部门规定，只有邮电主管部门发行的明信片，才可以印上"邮资图"和"中国人民邮政明信片"的字样，所以邮政部门印制、发行的印有"邮资图"的明信片称为邮资明信片。中国人民邮政最早的邮资明信片是1950年2月发行的《普东1天安门图案》"东北贴用"邮票普通邮资明信片。邮资明信片可分为以下八类。

1. 普通邮资明信片（PP）

由国家邮政主管部门发行、印有邮资图案的明信片称为普通邮资明信片。最初的普通邮资明信片多采用当时常用的普通邮票图印制。这种明信片发行量多，多次印刷，是最为常用和常见的明信片。普通邮资明信片的字母代号为PP。1952年1月1日发行PP1《普4天安门图案》普通邮资明信片，全套1枚。这套普通邮资明信片就是利用《普4天安门图案》普通邮票的天安门图印制的。1962年发行了PP6《普9天安门图案》普通邮资明信片。1972年9月25日发行了PP8《普14人民大会堂》普通邮资明信片。截至2015年底，普通邮资明信片已发行233套，如1984年6月1日发行的PP9《北京风景》实寄普通邮资片，1992年6月15日发行的PP10《石

舫》普通邮资片，2000 年 12 月 20 日发行的 PP27《玉兰花》实寄普通邮资

PP6《普 9 天安门图案》普通邮资明信片（1962 年发行）

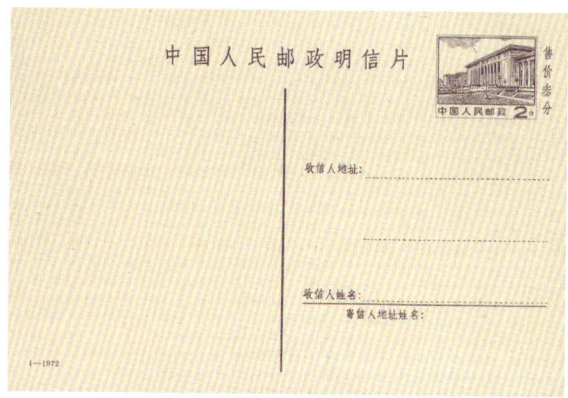
PP8《普 14 人民大会堂》普通邮资明信片（1972 年 9 月 25 日）

PP9《北京风景》实寄普通邮资片（1984 年 6 月 1 日）

第三章 集邮品的基本知识

PP10《石舫》普通邮资片（1992年6月15日）

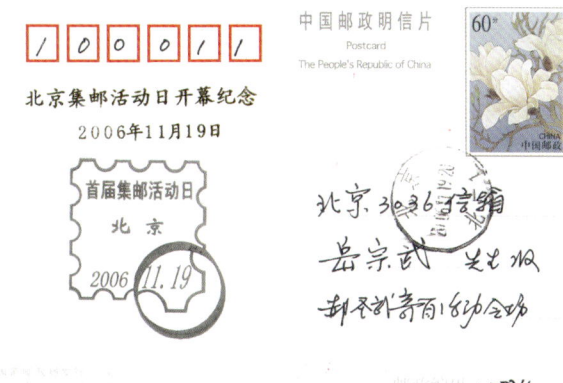

PP27《玉兰花》实寄普通邮资片（2000年12月20日）

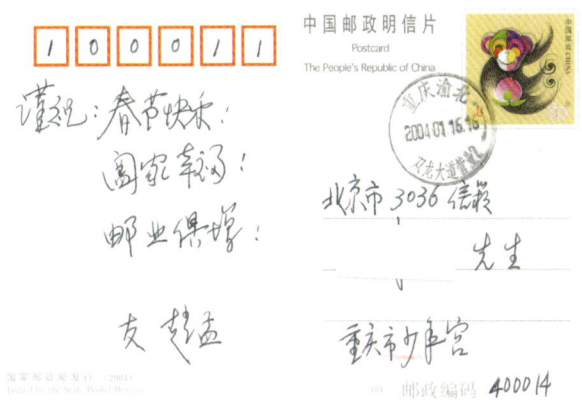

PP78《生肖猴》实寄普通邮资片（2004年1月5日）

PP189《天安门》实寄普通邮资片（2009年6月20日）

片，2004年1月5日发行的PP78《生肖猴》实寄普通邮资片，2009年6月20日发行的PP189《天安门》实寄普通邮资片。

2002年1月10日发行了PP54《马踏飞燕》普通邮资片，其外形尺寸为125mm×78mm，是我国第一枚微型普通邮资明信片。其他如盲人读物微型普通邮资明信片和为庆祝中华人民共和国成立六十周年中国邮政发行的PP189《天安门》异形邮资明信片，深受集邮者的欢迎。

PP54《马踏飞燕》微型普通邮资片（2002年1月10日）

第三章 集邮品的基本知识

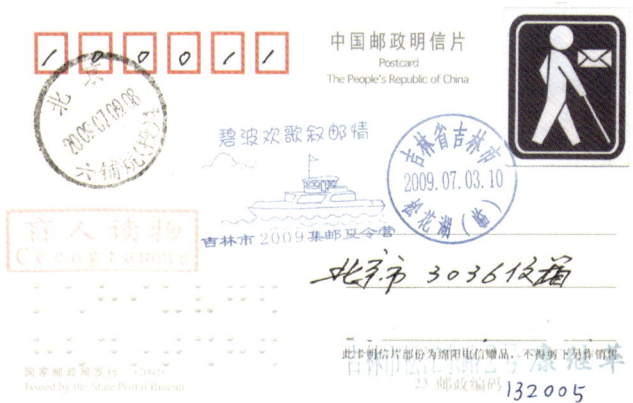

盲人读物微型普通邮资明信片（2002年）

PP189《天安门》异形邮资明信片（正面和背面）
（2009年6月20日）

2. 纪念邮资明信片（JP）

为纪念重大事件或人物而发行的印有纪念性邮资图案及有关纪念性图案和文字的一种邮资明信片称为纪念邮资明信片，字母代号为JP。我国第一套纪念邮资明信片是1927年3月5日发行的《交通银行二十周年》纪念邮资明信片，全套4枚。中国人民邮政于1984年8月1日开始发行《中国在第23届奥运会获金质奖章纪念》纪念邮资明信片，全套16枚。这是中华人民共和国第一套纪念邮资明信片。1985年10月24日发行了JP5《联合国四十周年》纪念邮资明信片；1993年4月16日发行了JP37《中国医疗队派出三十周年》纪念邮资明信片，设计者李印清签字；2016年1月20日发行了JP212《中华人民共和国第十三届冬季运动会》纪念邮资明信片。截至2019年5月26日发行JP247《壮丽七十年》纪念邮资明信片，中国邮政已发行247套纪念邮资明信片。

JP1《中国在第23届奥运会获金质奖章纪念》纪念邮资明信片（全套16枚）
（1984年8月1日）

JP5《联合国四十周年》纪念邮资明信片
（1985年10月24日）

JP37《中国医疗队派出三十周年》
纪念邮资明信片
（1993年4月16日）
（设计者李印清签字）

JP212《中华人民共和国
第十三届冬季运动会》
纪念邮资明信片
（2016年1月20日）

3. 特种邮资明信片（TP）

  邮政部门为宣传和展现某些特定人物或景物风貌而发行的邮资明信片称为特种邮资明信片，字母代号为TP。中国邮政1994年1月5日发行了第一套特种邮资明信片《哈尔滨冰雪风光》，截至2015年已发行37套特种邮资明信片。1994年10月22日发行了TP2《梅兰芳京剧艺术》特种邮资明信片，全套4枚。1999年8月16日发行了TP10《长江三峡》特种邮资明信片，全套10枚。新增加的TP10（B）《长江三峡》为本册式特种邮资明信片，便于携带，内有10个景点的介绍资料。

TP2《梅兰芳京剧艺术》特种邮资明信片（1994年10月22日）[全套4枚，上图为套装封套，下图为TP2（4-1）《太真外传》]

太真外传
Legend of Yang Yuhuan
TP2(4—1) 1994

TP10《长江三峡》特种邮资明信片

第三章 集邮品的基本知识

TP10《长江三峡》特种邮资明信片（1999年8月16日）（全套10枚）

TP10（B）《长江三峡》特种邮资明信片（本册式封面）

4. 风光邮资明信片（YP、FP）

邮政主管部门为宣传国家的风景名胜、文化、古迹、风土人情而发行的邮资明信片称为风光邮资明信片，字母代号为YP。我国1984年8月20日发行了YP1《桂林山水》风光邮资明信片，到YP16《湖北风光》风光邮资明信片为止。1986年5月1日发行了YP2（A）《黄山风景》风光邮资明信片，全套10枚。1994年9月10日发行了YP15（B）《黄山风光》风光邮资明信片，全套10枚。

从1995年5月18日发行FP1（A）《河北风光》风光邮资明信片开始，风光邮资明信片的字母代号改为FP，到FP19《山东风光》风光邮资明信片为

143

止。风光邮资明信片YP及FP系列，从1984年8月到2003年5月共发行35套。每套分A组和B组，每套10枚。风光邮资明信片全面地介绍了各省、市、自治区的风景名胜，受到集邮者、旅游者的欢迎。风光邮资明信片是组编专题邮集的重要藏品。

MOUNT HUANGSHAN PRE-STAMPED POST CARDS

邮资明信片

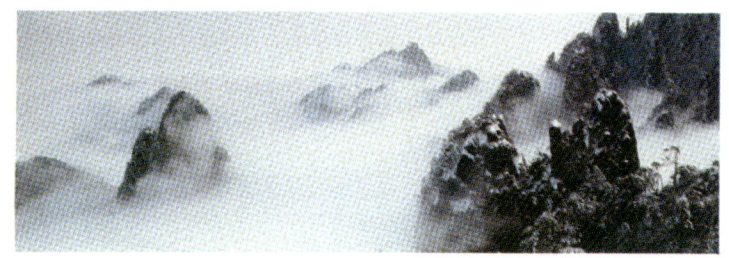

YP2（A）《黄山风景》风光邮资明信片（1986年5月1日）[全套10枚，上图为套装封套，下图为YP2(10-1)《迎客松》风光邮资明信片]

YP15(B)《黄山风光》风光邮资明信片(全套10枚)(1994年9月10日)

FP1(A)《河北风光》风光邮资明信片(1995年5月18日)
[全套10枚,上图为套装封套,下图为FP1(10-1)《赵州安济桥》]

5. 贺年邮资明信片（HP）

邮政部门专为人们在新年来临时互相问候、互相祝福、恭贺新春而发行的邮资明信片称为贺年邮资明信片，字母代号为 HP。中国人民邮政于 1981 年 12 月 20 日发行 HP1《1982 年贺年邮资明信片》，全套 2 枚。1990 年 11 月 15 日发行了 HP10《1991 年贺年邮资明信片》，全套 2 枚。中国人民邮政共发行 10 套贺年邮资明信片。

HP1《1982 年贺年邮资明信片》（全套 2 枚，正面、背面）（1981 年 12 月 20 日）

HP10《1991 年贺年邮资明信片》（全套 2 枚）（1990 年 11 月 15 日）

6.贺年（有奖）邮资明信片（HP）

邮政部门为人们互祝新年而专门发行的可兑奖的邮资明信片称为贺年（有奖）明信片，字母代号为 HP。我国于 1991 年 12 月 1 日发行了第一套贺年（有奖）邮资明信片《1992 年中国邮政贺年（有奖）明信片》，全套 12 枚。中国邮政每年发行贺年（有奖）明信片，如 1992 年 11 月 15 日发行的 HP1993《1993 年中国邮政贺年（有奖）明信片》，1999 年 11 月 1 日发行的 HP2000《2000 年中国邮政贺年（有奖）明信片》，2009 年 11 月 1 日发行的 HP2010《2010 年中国邮政贺年（有奖）明信片》，2015 年 11 月 1 日发行的 HP2016《2016 年中国邮政贺年（有奖）明信片》。

HP1992《1992 年中国邮政贺年（有奖）明信片》（全套 2 组 12 枚）
（1991 年 12 月 1 日）

HP1993《1993年中国邮政贺年(有奖)明信片》(全套2组12枚)(1992年11月15日)

HP2000《2000年中国邮政贺年(有奖)明信片》(1999年11月1日)

HP2010《2010年中国邮政贺年(有奖)明信片》(2009年11月1日)

HP2016《2016年中国邮政贺年（有奖）明信片》（2015年11月1日）

7. 专用邮资明信片（ZP）

邮政部门发行的印有特定使用范围和相关图文内容的邮资明信片称为专用邮资明信片。中国邮政1994年3月22日发行《希望工程助学行动》专用邮资明信片，1995年11月1日发行《中国邮政明信片咨询卡》专用邮资明信片，1997年1月15日发行ZP1《中国邮政明信片寻医问药咨询卡》专用邮资明信片，1999年8月20日发行《信鸽和地球（回音卡）》专用邮资明信片，1999年11月发行《荷花（回音卡）》专用邮资明信片。

《信鸽和地球（回音卡）》专用邮资明信片（正面、背面）（1999年8月20日）

ZP1《中国邮政明信片寻医问药咨询卡》专用邮资明信片（正面、背面）（1997年1月15日）

《荷花（回音卡）》专用邮资明信片（1999年11月）

8. 双连邮资明信片

两张邮资明信片连在一起称为双连邮资明信片，简称双连邮资片。双连邮资明信片供往返通信使用。一张称"正片"，供发信者使用；另一张称"副片"，供收信者复信用。我国最早的双连邮资明信片为1898年大清国邮政发行的第二次明信片。1969年，万国邮联决定停办国际双片业务。北京市集邮协会于2014年10月印制了BJPA2014《八达岭长城北城》双连邮资明信片，2015年印制了BJPA2015《天安门》双连邮资明信片，供北京市集邮协会会员收藏。

BJPA2014《八达岭长城北城》双连邮资明信片（正面、背面）（2014年10月）

二、极限明信片（MC）

将邮票贴在画面与邮票图案题材相似的明信片图案一面，同时加盖与该种邮票有直接关系的地名邮戳，使票、片、戳三者之间达到最大限度一致的同一主题的明信片称为极限明信片，简称极限片。世界上最早的极限明信片是1894年3月4日发行航海家P.亨利王子纪念邮票首日制作的极限明信片。

中华人民共和国第一套极限明信片是中国集邮总公司 1982 年 9 月 10 日发行 T79《益鸟》时制作的极限明信片。极限明信片可分为以下三类。

1. 纪念邮票极限明信片

用纪念邮票制作的极限明信片，如下列 4 套纪念邮票极限明信片。

1992-5《〈在延安文艺座谈会上的讲话〉发表五十周年》
纪念邮票极限明信片（1992 年 5 月 23 日）

1992-13《中国共产党第十四次全国代表大会》纪念邮票极限明信片
（1992 年 10 月 12 日）

1998-11《北京大学建校一百年》纪念邮票极限明信片
（1998 年 5 月 4 日）

2003-23《中国 2003·第十六届亚洲国际邮票展览》纪念邮票极限明信片
（2003 年 11 月 20 日）

2. 特种邮票极限明信片

用特种邮票制作的极限明信片,如下列 2 套特种邮票极限明信片。

T89《中国绘画·唐·簪花仕女图》特种邮票极限明信片(全套3枚)
(1984年3月24日)

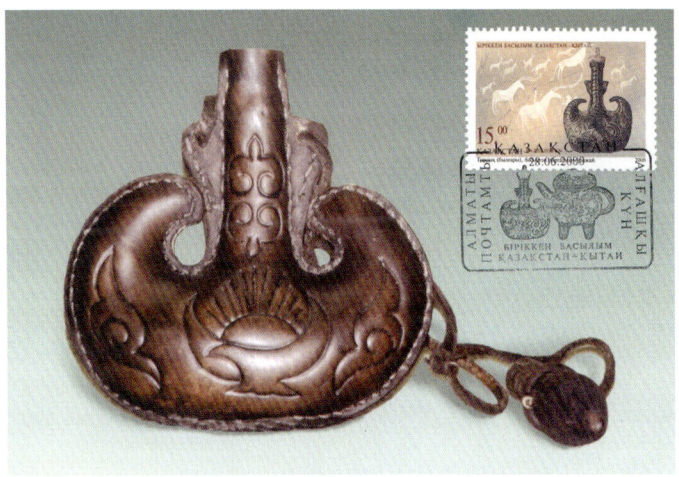

2000-13《盉壶和马奶壶》（中国—哈萨克斯坦联合发行）特种邮票极限明信片（全套2枚）
（2000年6月28日）

3. 生肖邮票极限明信片

利用生肖邮票制作的极限明信片称为生肖邮票极限明信片。生肖邮票是人们比较喜爱的邮票，所以集邮者或不集邮者都喜欢收藏，制作生肖邮票极限明信片的人也很多，收藏者较多。如第一轮生肖邮票——"猪票"——的生肖邮票极限明信片，第二轮生肖邮票——"猴票"和"狗票"——的生肖邮票极限明信片，第三轮生肖邮票——"猴票""牛票""龙票""羊票"——的生肖邮票极限明信片。

T80《癸亥年》生肖邮票极限明信片（1983年1月5日）

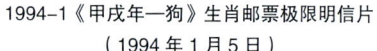

1994-1《甲戌年—狗》生肖邮票极限明信片
（1994年1月5日）

1992-1《壬申年—猴》生肖邮票极限明信片
（1992年1月5日）

第三章 集邮品的基本知识

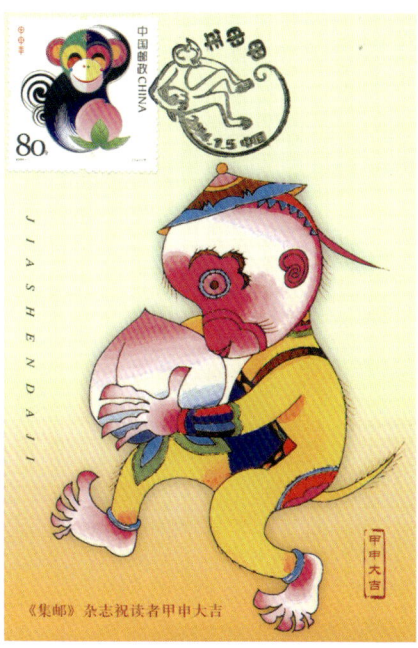

2004-1《甲申年》生肖邮票极限明信片
（2004年1月5日）

2009-1《己丑年》生肖邮票极限明信片
（2009年1月5日）

2012-1《壬辰年》生肖邮票极限明信片
（2012年1月5日）

2015-1《乙未年》生肖邮票极限明信片
（2015年1月5日）

第三节　邮简

由邮政部门发行、印有邮票图案、将信封和信纸合二为一的邮政用品称为邮简。它相当于一个可以折叠并封口的信封。

一、普通邮资邮简（PJ）

普通邮资邮简上一般印有常用普通邮票的邮资图。1840年英国发行了世界上第一套普通邮资邮简。中国人民邮政于1950年1月28日发行DJ《普东1天安门图案》（双色）第一套"东北贴用"普通邮资邮简，1952年1月1日发行了PJ1《国内平信邮资邮简》（全套4枚），1952年5月20日发行了PJ2《国内平信风景邮资邮简》（全套4枚），1992年9月20日发行了PJ3《国内平信美术邮资邮简（剪纸图案）》（全套12枚）。

PJ1《国内平信邮资邮简》（全套4枚）（1952年1月1日）

PJ2《国内平信风景邮资邮简》(全套4枚)(1952年5月20日)

二、纪念邮资邮简（YJ）

邮政部门为纪念某一事件、活动或著名人物而发行的，印有纪念性图案和文字的邮资邮简称为纪念邮资邮简。1998年11月12日，国家邮政局为祝贺举办"中国1999世界集邮展览"而发行YJ1《中国1999世界集邮展览》加字纪念邮资邮简，全套2枚。1999年8月21日邮展开幕加字发行第1枚，8月30日邮展闭幕加字发行第2枚。

YJ1《中国1999世界集邮展览开幕纪念》加字纪念邮资邮简（全套2枚）
（1999年8月21日）
（这是第1枚"开幕纪念"邮资邮简）

YJ1《中国1999世界集邮展览闭幕纪念》加字纪念邮资邮简（全套2枚）
（1999年8月30日）
（这是第2枚"闭幕纪念"邮资邮简）

三、免资邮简（MJ）

　　经邮政部门批准，专门印制发行的可以免费寄递的邮简为免资邮简。为纪念重大活动、重要事件而发行，一般有特定的使用范围和时限。邮简有邮政部门发行的，也有集邮部门印制的未预定邮资、可贴邮票使用的普通邮简。中华全国集邮联合会于2002年开发的"会员专用邮票册"中就印制了一枚"拜年简"供会员收藏，每年一枚，具有一定的收藏价值。

BNJ6（1-1）2007《拜年简》（2007 年 12 月）

四、民间邮简

为纪念重大活动、重要事物或人物而印制的，一般有特定的使用范围和时限，由集邮组织印制，可贴邮票使用的普通邮简，因是民间集邮组织配合重大活动印制，简称民间邮简。如外交封爱好者联谊会在 2009 年 5 月 12 日印制了《纪念汶川特大地震一周年》实寄纪念邮简。同年 12 月 20 日中国邮政发行 2009-30《澳门回归祖国十周年》纪念邮票时外交封爱好者联谊会印制了《澳门回归祖国十周年》首日实寄纪念邮简，供集邮者收藏。

《澳门回归祖国十周年》首日实寄纪念邮简
（2009年12月20日）

《纪念汶川特大地震一周年》实寄纪念邮简
（2009年5月12日）

第四节 邮资信卡

邮资信卡是邮政部门发行的,印有邮资或邮资已付图,不需套封寄递的折叠式通信卡片。信卡兼有明信片和邮简的特点,使用方法与邮简相似。

一、特种邮资信卡

国家邮政局自 2000 年 12 月 1 日开始发行 XK1《圣诞快乐》邮资信卡,随后又发行了《新年快乐》《尊师重教》《生日快乐》《婴戏图》等 7 组特种邮资信卡,如 XK2《新年快乐》邮资信卡。

XK2《新年快乐》邮资信卡
(2000 年 12 月 1 日)

二、纪念邮资信卡

邮政部门为纪念某一事件、活动或著名人物而发行的，印有纪念性图案和文字的邮资信卡称为纪念邮资信卡。中国邮政为庆祝中国共产党成立九十周年，于2011年6月发行了一枚《中国共产党成立九十周年纪念》纪念邮资信卡。

《中国共产党成立九十周年纪念》纪念邮资信卡
（2011年6月）

文 12《毛主席去安源》
（1968 年 8 月 1 日）（四方连）

第四章

中国邮票的分类

1878年7月，中国第一套邮票大龙邮票诞生，截至2018年已有140年的历史。经历中国清代邮票、中华民国邮票、中国解放区邮票、中华人民共和国邮票四个不同的历史时期，中国邮票在选题、设计、印刷、版式、防伪等方面腾飞发展，已达到世界先进水平。本章通过中国邮票的分类介绍，使大家全面了解中国邮票。

特46《唐三彩》（1961年11月10日）

第一节　中国清代邮票

清光绪四年（1878年），海关试办邮政，发行大龙邮票。1896年3月20日国家邮政成立，宣告了全民性邮政服务在中国诞生。中国清代邮政1878年至1911年发行的邮票为中国清代邮票，包括海关邮政邮票、国家邮政邮票、限地方贴用邮票、台湾地方邮政邮票等。

一、海关邮政邮票

清光绪四年至光绪二十二年（1878—1896年）为海关邮政时期，共19年。这期间国家邮政尚未建立，邮政由总税务司署兼办，先后发行以下三类邮票。

（1）普1大龙邮票，包括：普1.1大龙薄纸邮票，全套3枚；普1.2大龙阔边邮票，全套3枚；普1.3大龙厚纸邮票，全套3枚。

（2）普2小龙邮票，包括：普2.1小龙毛齿邮票，全套3枚；普2.2小龙光齿邮票，全套3枚。

（3）慈禧寿辰纪念邮票，包括：纪1慈禧寿辰纪念邮票（初版），全套9枚；纪1.1慈禧寿辰纪念邮票（再版），全套9枚；纪1.2穆麟德版慈禧寿辰纪念邮票，全套9枚。

海关邮政时期共发行8套42种邮票。

注：以上3种邮票为"银两面值邮票"（100分银=10钱银=1两银）。

普2.2小龙光齿邮票（1888年）　　纪1.2穆麟德版慈禧寿辰纪念邮票（1897年）

二、国家邮政邮票

清光绪二十三年至宣统三年（1897—1911 年）为清代国家邮政时期，共 15 年。清光绪二十二年二月初七（1896 年 3 月 20 日）总理衙门奏准开办清代国家邮政。清光绪二十三年正月十九日（1897 年 2 月 20 日），大清邮政局正式成立。邮资计量单位由银两改为银圆（100 分 =10 角 =1 元）。先后发行以下邮票。

（1）小龙加盖改值邮票，包括：普 3 小龙加盖小字改值邮票，全套 3 枚；普 4 小龙加盖大字改值邮票，全套 3 枚。

（2）慈禧寿辰改值邮票，包括普 5 慈禧寿辰（初版）小字改值邮票至普 10 慈禧寿辰（改版）大字短距改值邮票，共 6 套。

（3）普 11 红印花加盖暂作邮票，全套 9 枚。

（4）蟠龙邮票，包括：普 12 日本版蟠龙邮票，全套 12 枚；普 13 伦敦版蟠龙邮票（有水印），全套 12 枚；普 14 伦敦版蟠龙邮票（无水印），全套 20 枚。

（5）对剖邮票，1903—1906 年，福州、重庆、长沙等地邮局曾将伦敦版蟠龙无水印 2 分邮票对剖改作 1 分邮票使用。

（6）纪 2 宣统纪念邮票，全套 3 枚。

（7）欠资邮票，包括：欠 1 伦敦版蟠龙改作欠资邮票，全套 6 枚；欠 2 伦敦版第一次欠资邮票，全套 8 枚；欠 3 伦敦版第二次欠资邮票，全套 6 枚。

（8）快信邮票，包括快 1 一次快信邮票至快 7 七次快信邮票，共 7 套。

国家邮政时期共发行 23 套 135 种邮票。

藏 1 伦敦版蟠龙加盖、西藏贴用邮票
（1911 年 3 月）

三、限地方贴用邮票

宣统二年(1910年)清政府在西藏创办邮政,设西藏邮区,总局设在拉萨,在江孜、帕克里、日喀则、亚东、察木多设立邮局。原使用伦敦版无水印蟠龙邮票,后来为了适应当地需要,在无水印蟠龙邮票上加盖中、英、藏三种文字,表示银圆、卢比、藏币三种不同币值,限在西藏地方贴用。1911年3月发行藏1伦敦版蟠龙加盖、西藏贴用邮票,全套11枚。

四、台湾地方邮政邮票

光绪十四年二月初十(1888年3月22日)台湾巡抚刘铭传在台湾创办近代邮政,在台北设立台湾邮政总局,发行邮票,用于寄递公务及民间信件。台湾邮政于光绪二十一年(1895年)因清政府将台湾割让给日本而终止。

中日《马关条约》签订后,台湾民众在黑旗将军刘永福的率领下,高举义旗,反对割让,成立台湾民主国。1895年7月31日在台南创办台湾民主国邮政,发行邮票,收寄信件,先后发行以下五类台湾地方邮政邮票。

(1)官用邮票,包括:台1第一次官用邮票,全套2枚;台2第二次官用邮票,全套2枚。

(2)台3邮政商票,全套1枚。

(3)台4大清台湾邮政局邮票(未发行,通称"龙马邮票"),全套2枚。

(4)台5小龙加盖台湾邮票(未发行),全套4枚。

(5)台6台湾民主国邮票(通称"独虎邮票"),包括:台6.1第一次独虎邮票,全套3枚;台6.2第二次独虎邮票,全套3枚;台6.3第三次独虎邮票,全套4枚;台6.4第四次独虎邮票(未发行),全套4枚。

台湾地方邮政时期共发行9套25种邮票。

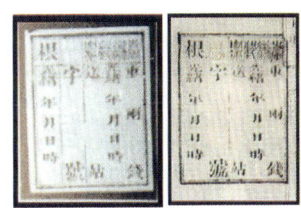

台1第一次官用邮票(全套2枚)

第二节 中华民国邮票

1911年辛亥革命成功，1912年1月1日中华民国建立，中华民国邮政（简称中华邮政）亦随之诞生。中华民国邮票主要由中华民国邮政邮票、中华民国邮政限地方贴用邮票、中华民国地方邮政邮票"中华帝国"邮票组成。现重点介绍中华民国邮政邮票，它可以分为以下十类。

一、普通邮票

中华邮政自1912年1月30日发行普1加盖"临时中立"邮票至1949年8月发行普62孙中山像金圆改作银圆邮票，历时38年。除邮政总局发行（包括分地加盖）的以外，还有各省的限省贴用和地方加盖发行的邮票。表示邮票面值的币制有银圆、法币（亦称国币）、金圆券等，还有各个地区使用的币制，如台币、东北币和无面值的单位邮票。中华邮政共发行普通邮票62套865种。

普1加盖"临时中立"邮票
（1912年1月30日）

普62孙中山像金圆改作银圆邮票（1949年8月）

二、纪念邮票

中华邮政发行的纪念邮票,自 1912 年 12 月 15 日发行纪 1《中华民国光复纪念》纪念邮票和纪 2《中华民国共和纪念》纪念邮票,至 1949 年 8 月 1 日发行纪 29《国际联邮会七十五周年纪念》纪念邮票,历时 38 年。除邮政总局发行(包括分地加盖)的邮票以外,还有各省和地方加盖发行的邮票。表示邮票面值的币制有银圆、法币,还有各个地区使用的币制,如台币、东北币等。"金圆券"时期未发行纪念邮票。中华邮政共发行纪念邮票 29 套 147 种。

纪 2《中华民国共和纪念》纪念邮票(1912 年 12 月 15 日)

纪 29《国际联邮会七十五周年》纪念邮票
(1949 年 8 月 1 日)

三、特种邮票

中华邮政于 1941 年 6 月至 1949 年 7 月共发行 3 套特种邮票，历时 8 年。

（1）特 1《节约建国》邮票，全套 6 枚，同时发行特 1M《节约建国》邮票小全张 1 枚。

（2）特 2《行动邮局及邮亭》邮票，全套 4 枚。

（3）特 3《北平风景图银圆》邮票，全套 2 枚。

中华邮政共发行特种邮票 3 套 12 种及 1 枚小全张。

特 2《行动邮局及邮亭》邮票
（1947 年 11 月 5 日）

特 3《北平风景图银圆》邮票
（1949 年 7 月 14 日）

四、附捐邮票

中华邮政发行的附捐邮票自 1920 年 12 月 1 日发行附捐 1 加盖"附收赈捐"邮票至 1948 年 7 月 5 日发行附捐 3"资助防痨"附捐邮票，历时 28 年。中华邮政共发行附捐邮票 3 套 16 种，并发行附捐 2M"赈济难民"附捐邮票小全张 1 枚。

附捐 1 加盖"附收赈捐"邮票
（1920 年 12 月 1 日）

附捐 3 "资助防痨"附捐邮票（1948 年 7 月 5 日）

五、欠资邮票

中华邮政发行的欠资邮票自 1912 年发行欠 1 加盖"临时中立"欠资邮票至 1948 年 11 月 1 日发行欠 13 重庆中央版孙中山像"改作欠资"金圆邮票，历时 36 年。中华邮政共发行欠资邮票 13 套 101 种。

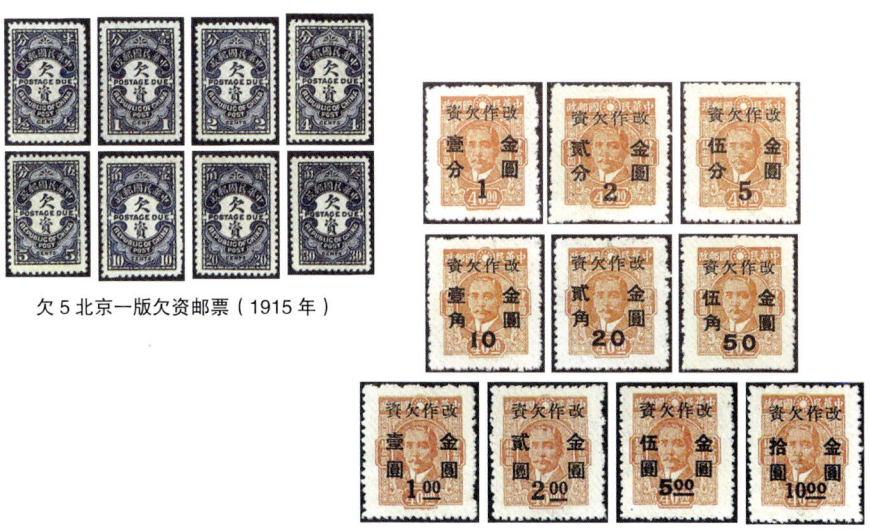

欠 5 北京一版欠资邮票（1915 年）

欠 13 重庆中央版孙中山像"改作欠资"金圆邮票
（1948 年 11 月 1 日）

六、航空邮票

中华邮政发行的航空邮票自 1921 年 7 月 1 日发行航 1 北京一版航空邮票至 1948 年 5 月 18 日发行航 7 上海加盖"国币"航空改值邮票,历时 27 年。中华邮政共发行航空邮票 7 套 61 种。

航 7 上海加盖"国币"航空改值邮票(1948 年 5 月 18 日)

七、快信邮票

自 1912 年 1 月发行快 1 大清邮政改作加盖"中华民国"快信邮票至 1941 年发行快 5 国内快递单位邮票,中华邮政发行快信邮票历时 29 年。中华邮政共发行快信邮票 5 套 21 种。

八、挂号邮票

中华邮政 1941 年发行挂 1"国内挂号"单位邮票 1 枚。

九、包裹邮票

自 1944 年发行包 1 中信版包裹印纸至 1949 年发行包 5 北平版改值金圆包裹印纸,中华邮政共发行包裹邮票 5 套 33 种。

包 5 北平版改值金圆包裹印纸
(1949 年)

十、军邮邮票

中华邮政自 1942 年 12 月发行军 1 孙中山像加盖"军邮"邮票至 1945 年 1 月发行军 2 中信版无面值军邮邮票,中华邮政共发行军邮邮票 2 套 14 种。

中华民国时期,军阀割据,内战频繁,各省政治经济发展极不平衡,币制又不统一。为了确保邮政收入,中华邮政从 1915 年起开始发行"中华民国邮政限地方贴用邮票"。中华邮政共发行限地方贴用邮票 106 套 792 种。

军 2 中信版无面值军邮邮票
(1945 年 1 月 1 日)

纪 4《宪法纪念》邮票
(天坛祈年殿)(全套 4 枚)
(1923 年 10 月 10 日)

第三节　中国解放区邮票

中国解放区邮票是中国人民革命战争期间各革命根据地及解放区邮政、交通部门于1930年10月至1950年5月在各地217个单位发行的邮票、包裹印纸，共455套2231种图案。

中国解放区邮票发行时间按土地革命战争时期、抗日战争时期、解放战争时期划分，各个时期发行的邮票原则上以各革命根据地、解放区域划分。

一、土地革命战争时期

分赤色邮政和苏维埃邮政两大部分。

1. 赤色邮政（T.CY）

分赣西南、闽西、赣东北、湘赣、江西、湘鄂西等六部分。自1930年10月发行T.CY-1赣西南赤色邮票至1931年底发行T.CY-8湘鄂西省赤色邮票，共发行8套13种解放区邮票。

2. 苏维埃邮政（T.SY）

分苏维埃共和国、西北苏区、陕甘宁特区三部分。自1932年5月1日

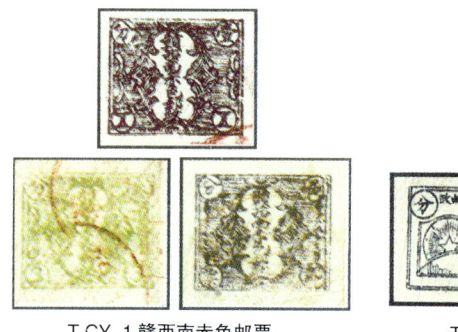

T.CY-1 赣西南赤色邮票
（1930年10月）

T.SY-6 中华邮政邮票（1937年5月）

发行 T.SY-1 苏维埃邮票至 1937 年 5 月发行 T.SY-6 中华邮政邮票，共发行 6 套 27 种解放区邮票。

二、抗日战争时期

分华北和华中两大部分。

1. 华北（K.HB）

分晋察冀边区、冀南区、晋冀鲁豫边区、清河区、山东省、胶东区等 6 个区。自 1937 年 12 月发行 K.HB-1 "半白日"图邮票至 1944 年 5 月发行 K.HB-27 加盖"胶东暂作"改值邮票，共发行 27 套 142 种解放区邮票。

2. 华中（K.HZ）

分淮南区、盐阜区、苏中区、皖中区等 4 个区。自 1942 年发行 K.HZ-1 第一版无面邮票至 1945 年发行 K.HZ-31 "暂作五角"邮票，共发行 31 套 110 种解放区邮票。

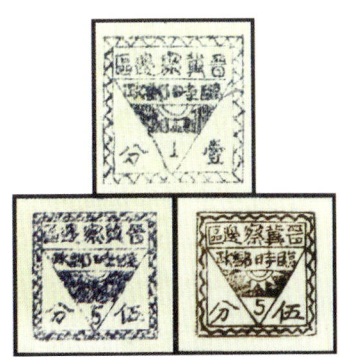

K.HB-1 "半白日"图邮票（1937 年 12 月）

K.HZ-31 "暂作五角"邮票（1945 年）

三、解放战争时期

分华北区、东北区、西北区、华东区、中南区、西南区六大部分。

1. 华北区（J.HB）

分晋察冀边区、冀察热辽边区、晋冀鲁豫边区、晋绥边区、华北等5个区。自1945年9月发行J.HB-1加盖"暂用"邮票至1949年8月发行J.HB-76太岳加盖"暂作"改值邮票，共发行76套464种解放区邮票。

2. 东北区（J.DB）

分安东（辽东）、辽宁、延边、吉东、辽南、西满、北满、东北、旅大等9个区。自1945年12月5日发行J.DB-1第一次加盖"暂作"改值邮票至1950年5月发行J.DB-93第二次加盖"暂作"改值邮票，共发行93套390种邮票及2枚小全张。

3. 西北区（J.XB）

分陕甘宁边区、陕北、陕西、陕南、甘宁青、新疆、伊塔阿等7个区。自1946年4月23日发行J.XB-1第一版宝塔山图邮票至1949年2月发行J.XB-28劳动人民图邮票，共发行28套118种解放区邮票。

4. 华东区（J.HD）

分山东战区、山东邮政、苏皖、华中、华东等5个区。自1945年9月发行J.HD-1第一版朱德像邮票至1949年10月17日发行J.HD-84龙溪加盖"暂改华东邮票"改值邮票，共发行84套431种解放区邮票。

5. 中南区（J.ZN）

分中原、华中、河南、湖北、湖南、江西、广东等7个区。自1948年9月20日发行J.ZN-1加盖"改作中州票"改值邮票至1949年12月发行J.ZN-47合浦加盖"合浦解放"单位邮票，共发行47套288种解放区邮票。

6. 西南区（J.XN）

分西南、东川、西川、贵州、云南等5个区。自1949年12月9日起发行J.XN-1人民解放军进军图邮票至1950年5月12日发行J.XN-54第二次加盖"改作"改值邮票，共发行54套156种解放区邮票。

J.XN-1 人民解放军进军图邮票
（1949年12月9日）

第四节 中华人民共和国邮票

自1949年10月1日中华人民共和国诞生至今，国家邮政部门发行的邮票称为中华人民共和国邮票。中华人民共和国邮票可分为"纪、特字头邮票""'文'字邮票""编号邮票""J字、T字头邮票""编年邮票"5个阶段。中华人民共和国邮票内容丰富、品种繁多、印刷精美，深受广大集邮者的喜爱和收藏。

一、"纪"字头邮票（1949年10月—1967年3月）

1. 发行时间及套数

自1949年10月8日发行纪1《庆祝中国人民政治协商会议第一届全体会议》至1967年3月10日发行纪124《向32111英雄钻井队学习》，共发行

纪1《庆祝中国人民政治协商会议第一届全体会议》（1949年10月8日）

纪124《向32111英雄钻井队学习》（1967年3月10日）

"纪"字头纪念邮票124套406种。其中纪1至纪8同时发行"东北贴用"邮票8套28种（邮票图案相同，邮票面值不同）。

2. 再版邮票

为了普及集邮，1955年1月邮电部决定再版发行纪1至纪13共13套44枚邮票，再版发行纪1至纪8共8套28枚"东北贴用"邮票。

3. 志号内容

为方便了解邮票基本数据，在邮票下面印上邮票顺序号、枚数、年份等内容。例如"纪124.3-1（404）1967"，"纪124"表示第124套纪念邮票（顺序号），"3"表示全套邮票共3枚，"1"表示这枚邮票是全套邮票中的第1枚，"（404）"表示纪念邮票的累计枚数是纪念邮票的第404枚，"1967"表示这枚邮票的发行年份是1967年。

4. 邮票面值的人民币

（1）旧人民币面值邮票：纪1至纪30（1949年10月至1954年2月）。

（2）"东北贴用"邮票东北币面值：纪1至纪8（1949年10月至1950年12月）。

（3）新人民币面值邮票：纪31至纪124（1955年6月至1967年3月）（新、旧人民币的比值为1∶10000）。

5. 邮票铭记的变化

纪1至纪3邮票上的铭记为"中华人民邮政"，纪4至纪124邮票上的铭记为"中国人民邮政"。

二、"特"字头邮票（1951年10月—1966年5月）

1. 发行时间及套数

自1951年10月1日发行特1《国徽》至1966年5月10日发行特75《服务行业中的妇女》，共发行"特"字头特种邮票75套444种。

2. 再版邮票

1955年1月，邮电部决定再版发行特1、特2、特4共3套49枚再版特种邮票。

3. 邮票面值的人民币

（1）旧人民币面值邮票：特1至特12（1951年1月至1955年2月）。

（2）新人民币面值邮票：特13至特75（1955年10月至1966年5月）。

4. 志号内容

同"纪"字头纪念邮票一样，只是改为"特"字头。

特1《国徽》（1951年10月1日）

特75《服务行业中的妇女》（1966年5月10日）

三、"文"字邮票（1967年4月—1970年1月）

"文化大革命"时期发行的邮票，为"文"字邮票。自1967年4月20

第四章 中国邮票的分类

日发行文 1《战无不胜的毛泽东思想万岁》至 1970 年 1 月 21 日发行文 19《革命青年的榜样》,"文"字邮票共发行 19 套 80 种。"文"字邮票下方没有印制各种枚数、年份等志号信息,想了解只能查邮票目录。

文 1《战无不胜的毛泽东思想万岁》(1967 年 4 月 20 日)

四、编号邮票(1970 年 8 月—1973 年 10 月)

在"文化大革命"后期发行的纪念、特种邮票。因在邮票左下角印有发

编号邮票 53–56《革命现代舞剧〈白毛女〉》
(1973 年 9 月 25 日)

183

行顺序编号，右下角印有发行年份，故称编号邮票。自1970年8月1日发行编号邮票1-6《革命现代京剧〈智取威虎山〉》至1973年10月15日发行编号邮票95《中国出口商品交易会》，共发行21套95种编号邮票。

五、"J"字头邮票（1974年5月—1991年11月）

因邮票志号以"J"为字头，故称"J"字头邮票。

1. 发行时间及套数

自1974年5月15日发行J1《万国邮政联盟成立一百周年纪念》至1991年11月16日发行J185《第一届世界女子足球锦标赛》，共发行"J"字头邮票185套435种。

2. 志号内容

以"J1（3-1）1974"为例，"J1"表示第1套"J"字头邮票，"3"表示全套邮票共3枚，"1"表示这枚邮票是全套邮票中的第1枚，"1974"表示这枚邮票的发行年份是1974年。

J1《万国邮政联盟成立一百周年纪念》（1974年5月15日）

J185《第一届世界女子足球锦标赛》
（1991 年 11 月 16 日）

六、"T"字头邮票（1974 年 1 月—1991 年 11 月）

因邮票志号以"T"为字头，故称"T"字头邮票。

1. 发行时间及套数

自 1974 年 1 月 1 日发行 T1《体操运动》至 1991 年 11 月 19 日发行 T167《中国古典文学名著——〈水浒传〉》（第三组），共发行"T"字头邮票 168 套 726 种。

2. 志号内容

以"T1（6-2）1974"为例，"T1"表示第 1 套"T"字头邮票，"6"表示全套邮票共 6 枚，"2"表示这枚邮票是全套邮票中的第 2 枚，"1974"表示这枚邮票的发行年份是 1974 年。

T1《体操运动》（1974 年 1 月 1 日）

七、编年邮票（1992 年 1 月至今）

自 1992 年开始，中国邮政按年份编号的纪念、特种邮票称为编年邮票。

1. 编年邮票的特点

从邮票志号可以全面了解全年邮票发行套数及纪念邮票和特种邮票的分类。

2. 志号内容

例如"2006-24（4-1）T"，"2006-24"表示这套邮票是2006年发行的第24套邮票，"4"表示全套邮票共4枚，"1"表示这枚邮票是全套邮票中的第1枚，"T"表示这套邮票是特种邮票。如果标注是"J"，则表示是纪念邮票。

3. 邮票铭记

自1992年发行编年邮票开始，邮票上的铭记由"中国人民邮政"改为"中国邮政CHINA"。

4. 邮票套数

1992年至2018年，中国邮政共发行编年纪念、特种邮票753套（见下表）。

中国邮政1992年至2018年发行纪念、特种编年邮票套数

年份	发行邮票套数	年份	发行邮票套数	年份	发行邮票套数
1992年	20套	2001年	28套	2010年	30套
1993年	17套	2002年	27套	2011年	30套
1994年	21套	2003年	26套	2012年	32套
1995年	27套	2004年	28套	2013年	31套
1996年	31套	2005年	28套	2014年	29套
1997年	24套	2006年	31套	2015年	29套
1998年	31套	2007年	32套	2016年	33套
1999年	20套	2008年	28套	2017年	30套
2000年	25套	2009年	31套	2018年	34套

2006-23《文房四宝》（T）（2006 年 9 月 10 日）

八、"特"字邮票

我国每年按年度纪、特邮票发行计划，发行纪念邮票和特种邮票。自 2000 年以来，每年计划外为重大事件而特别增加发行的邮票称为"特"字邮票。邮票志号按特 1 及年号排序。自 2000 年 1 月 1 日发行 2000-特 1《港澳回归 世纪盛事》（金箔小型张）至 2015 年 7 月 31 日发行 2015-特 10《北京申办 2022 年冬奥会成功纪念》，共发行 10 套 13 种"特"字邮票。

2001-特 2《北京申办 2008 年奥运会成功纪念》
（2001 年 7 月 14 日）

2015-特 10《北京申办 2022 年冬奥会成功纪念》
（2015 年 7 月 31 日）

九、个性化邮票

个性化邮票是 21 世纪新兴的一个品种。邮票个性化服务是中国邮政于 2001 年 8 月 22 日开始试办的业务,是以指定邮票为主图,在附票上印制个性化内容,用作宣传、纪念、祝愿等。试办期间的指定邮票为 2001-15《第二十一届世界大学生运动会》和 2001-24《中华人民共和国第九届运动会》,附票内容只限公众人物肖像、会标、吉祥物、建筑场馆等。试办以来,为最终需求者利用两种邮资图案制作了 65 万版个性化邮品。2002 年 5 月 10 日中国邮政发行了个 1《如意》第一套个性化服务专用邮票。制作个性化邮票时,可在附票上印制相关内容,附票无面值。截至 2019 年 1 月 26 日发行个 50《中国结》,中国邮政共发行 50 套 59 种个性化服务专用邮票。

个 1《如意》(2002 年 5 月 10 日)

个 43《生日快乐》(2015 年 9 月 10 日)

十、贺年专用邮票

中国邮政为新年、春节设计并印制带有浓厚中国节日文化特色的贺年邮票及小全张,称为贺年专用邮票。2006 年 11 月 1 日,发行贺 1《贺新禧》2007 年贺年专用邮票及小全张 1 枚。随后每年发行 1 枚贺年专用邮票,邮资图名分别为"年年有余""喜临门""花开富贵""迎春纳福""贺新春""春和景明""福临门""春""幸福美满""福寿安康""祥瑞平安""福寿圆满"等。截至 2018 年 10 月 9 日发行贺 13《福寿圆满》2019 年贺年专用邮票及小全张,共发行 13 种贺年专用邮票及小全张。贺年专用邮票小全张是 2006 年 11 月发行贺 1《贺新禧》第 2 枚面值 3 元的"贺新禧"与当年新发行的贺年专用邮票印制的小全张。在新年、春节期间制作贺年邮品邮寄,可以增加新年和春节的节日气氛。

第四章 中国邮票的分类

贺1《贺新禧》)
（2006年11月1日）

贺10《福寿安康》
（2015年10月9日）

贺1M《贺新禧》（小全张）
（2006年11月1日）

贺10M《福寿安康》（小全张）
（2015年10月9日）

189

T41M《从小爱科学》（小型张）（1979年10月3日）

第五章

邮票的辨伪

邮票辨伪是一门综合性的科学技术，集邮者要懂邮识，认真地对真假邮票进行分析、研究，才能做出科学、准确的判断。为了保护集邮者的利益，提高广大集邮者、投资者的邮票鉴别能力，本章将从邮票的纸质、背胶、齿孔、版别、刷色、暗记等方面进行介绍，让大家掌握邮票辨伪技巧，提高邮票辨伪水平，达到净化市场、健康集邮的目的。

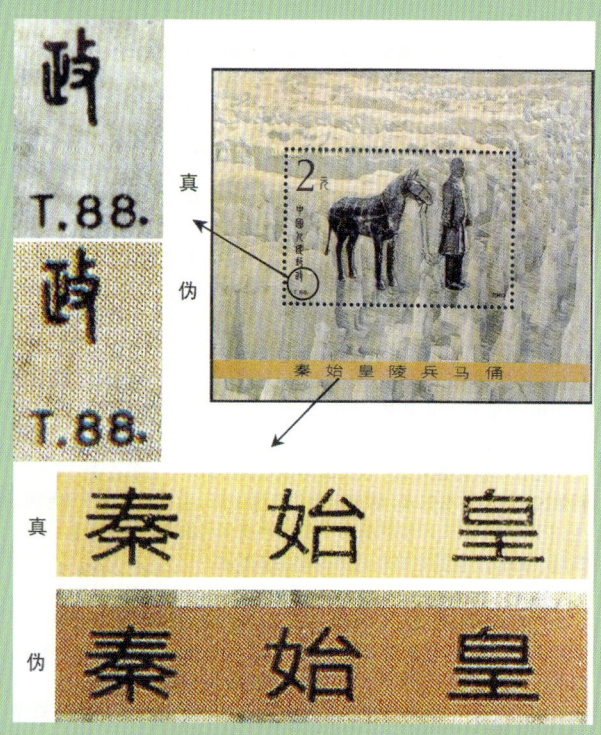

T88M《秦始皇陵兵马俑》（小型张）
（1983年6月30日）（小型张辨伪图）

第一节 邮票辨伪八要素

一、熟悉邮票纸质

1. 纸质的定义及要求

印制邮票使用的纸张材质称为纸质。邮票所用的纸张种类较为繁多。目前印制邮票的纸张应具备适于印刷，具有便于撕裂和防止伪造等条件。邮票的纸质往往是区分邮票的版别、印次和鉴别邮票真伪的重要依据。

2. 纸质的种类

邮票是有价证券。邮票为了防伪和流通使用，印制邮票所用纸张与普通纸张不一样。普通纸张采用一般纸浆制成，而邮票所用纸张则是用精制纸浆制成的特种纸。我国在不同历史时期印制的邮票，所用纸张也不一样。清代邮票用过"手抄纸"，其特点是坚韧、不会发黄，但由于是人工抄制，往往厚薄不均匀。还用过"机制纸"，这种纸因是机器生产，比较规范，纸张厚度均匀。中华民国邮票所用纸张比较复杂，也不规范。中国人民革命战争时期，由于条件艰苦，因陋就简，解放区邮票用纸无法讲究，采用白纸、报纸、道林纸，有的还采用"废物利用"的代用纸。如抗日战争时期，1943年发行的K.HZ-3"稿"字邮票就是用旧的电报纸背面印制的；1947年安东省邮政管理局发行的J.DB-4第二版毛泽东、朱德像邮票，是在"信笺彩色封面纸"和"灰报纸"背面印制的。中华人民共和国成立以后，随着国家经济建设的发展，印制邮票所用的纸张开始走向正规化，国家定点厂家专门生产，定向使用。这种特制涂料印制邮票的纸张俗称邮票纸。邮票纸纸质坚韧挺括，吸墨性能好。自2000年以来，在邮票纸中加入彩色纤

J.DB-4 第二版毛泽东、朱德像邮票
（1947年）

维，提高防伪水平。

3. 邮票纸的特点

邮票纸是根据邮票印制工艺要求和邮票本身特性制作的，在物理指标和外观要求上都比较特殊。邮票纸应具备纸面光洁平整、吸墨性强、有韧性、挺括、耐水洗、平展性好等要素。邮票专用纸由国家专业设计、生产，只供应全国三个专业邮票印制厂使用。但是其他质量较好的铜版纸、胶版纸，因纸面光滑发亮、吸墨性差、纸质较脆，厚的纸发硬，薄的纸发软，平展性较差，是不能印制邮票的。这些纸往往是不法分子伪造假邮票所使用的纸，请大家严格提防。

4. 识别纸质的方法

用肉眼直观纸张难免会出现误差，使用仪器鉴别很有必要，可以使用鉴别钞票真伪的鉴伪仪来鉴别邮票真伪。鉴伪仪上装有紫光灯，它可以使有色和无色的防伪荧光油墨发出荧光。同样道理，当纸质中含有荧光增白剂时，在鉴伪仪的紫光灯照射下，白色纸面会吸收紫光，呈现荧光，使纸面更加洁白明亮，或呈现亮白色、浅紫色、暗紫色等。而普通纸张的白色纸面，在鉴伪仪的紫光灯照射下，大多呈现暗紫色或紫红色。

二、确认邮票背胶

1. 背胶的定义

邮票背胶是为便于邮票粘贴，在邮票背面涂刷的胶层。使用时，用水沾湿背胶，即可将邮票粘贴在邮件上。背胶要求在干燥时或叠放在一起时不粘连，还必须是无毒的。

2. 邮票背胶的种类

1840 年英国发行的世界上第一枚黑便士邮票就刷有背胶。早期邮票背胶是用土豆粉、面粉和阿拉伯树胶合成的。到 19 世纪 60 年代，改进的糊精胶开始投入使用。20 世纪 40 年代，开始使用化学胶，即聚乙烯醇胶（PVA）。中国早期的清代邮票和民国邮票所刷的背胶多为糊精胶（植物胶）。新中国成立后，初期发行的邮票均无背胶，自1959年7月1日发行纪62《"五四"运动四十周年》开始，在邮票上刷有糊精胶。1965年以后，开始换用化学胶。

3. 糊精胶和化学胶的胶质特点

糊精胶颜色微黄，胶面厚实，有光泽，发亮，对温度和湿度的变化比较敏感，容易吸潮、碎裂、脱胶。化学胶（PVA）颜色洁白，黏性强，胶面稀薄、均匀，对温度和湿度的变化适应性强，抗潮性能好，不容易粘黏连。

纪62《"五四"运动四十周年》（1959年7月1日）

4. 如何利用背胶识别邮票真伪

主要是依据胶质、胶面质感和是真胶还是假胶进行判断。伪票上刷的假背胶，有的是无黏性的白色涂料，有的则是普通胶水，而且多采用手工涂刷，制作手法拙劣，破绽比较明显，常有不均匀的涂刷痕迹。即使伪造技术较高的假背胶，要达到与真背胶一样均匀、逼真，也是很困难的。只要认真分析、鉴别，不难发现蛛丝马迹，清除伪品。

三、测量邮票齿孔

1. 齿孔的定义

在整张邮票的各枚邮票之间，打出的孔洞称孔。分撕后，单枚邮票边缘凹进去的半圆形部分也称孔，凸出的部分称齿，合称齿孔。

邮票齿孔是邮票八大要素之一。当初在邮票上打孔，目的是便于把整张邮票分撕成单枚，使用方便。由于使用不同的打孔机，采用不同的打孔方式，打出的齿孔形状和大小千差万别，所以齿孔就成为邮票的重要特征之一。

随着科学技术的发展，除通常的圆形齿孔外，又增加了异形齿孔，如椭圆形、菱形、五角星形等，具有较好的防伪效果。

2. 齿孔的种类

按照打孔方式，邮票齿孔一般分为线式齿、梳式齿、棋盘式齿三种。

（1）线式齿。线式齿的特征有二。其一，在邮票四角打出的齿孔不太规范，把整张邮票分撕成单枚后，四角齿尖基本上不一致，互不对称，邮票四方连的中心齿孔常呈现为不规则的叠孔或围孔。其二，在整张邮票上，线式齿在版票四周全通边。

（2）梳式齿。梳式齿的特征有二。其一，在邮票四角打出的齿孔形状规范，把整张邮票分撕成单枚后，四角凹进，接近对称，有时上下侧齿的宽窄不太相同；在邮票四方连的中心齿孔整齐而居中，但时常有中心孔与相邻的上下两孔之间距离不均的情况。其二，整张邮票齿孔也呈梳式，三边均不贯通（在整版中，有上下均贯通或上不贯通和下不贯通的）。

（3）棋盘式齿。因像棋盘一样呈"封闭式孔"，打孔机动作一次可把整张邮票打出齿孔，故棋盘式齿的特征有二。其一，邮票边角上的齿孔完全一样，四角凹进，并完全对称；邮票四方连中心孔整齐、均衡、规范。其二，在整张邮票上，四周齿孔全不通边。

3. 掌握齿孔度数，识别邮票真伪

为了更科学、更准确地通过齿孔判断邮票真伪，还需要精确测量邮票的齿孔度数。齿孔度数是表示齿孔密度的量度，其测量方法以20mm内有多少齿和孔来表示。如果一枚邮票，齿孔度数为13×13.5，则表示横边齿孔为13度，直边齿孔为13.5度。可以用量齿尺来测量邮票的齿孔度数。通过测量邮票齿孔，就能判断邮票真伪。一般来说，假票上打的假齿孔大都达不到真品的规范化标准，齿孔有大有小，歪斜不直。所以仔细观察齿孔的外观特征，再认真测量齿孔度数，就能科学地鉴别邮票真伪。

四、掌握区分邮票版别

通观邮票印刷历史，不同的时期印刷邮票所采用的版别也不一样，其工艺特点也各不相同。按照印刷方式，邮票的版别主要有凸版、凹版、平版、

影雕套印版、誊写版等。

1. 凸版邮票

印版的图文部分高于空白部分，形成凸起，故称凸版。印刷时，在凸版部分涂上油墨，覆纸，加压后油墨即从印版转移到纸面上。因制版工艺和所用材料不同，可分为木刻版、活字版、照相凸版、橡胶凸版、电铸版、雕刻凸版等。世界上许多早期邮票都是采用凸版印刷而成的。中国第一套邮票大龙邮票就是采用凸版印制的，是用手工雕刻原模后直接翻制子模的铜质凸版。1943年在华中淮南地区发行的"稿"字邮票就是用木质凸版印刷的；中华人民共和国邮票中，1950年6月发行的普2天安门图案普通邮票（第二组）和1950年8月发行的欠1欠资邮票（第一组）都是锌质照相凸版印制的。凸版邮票具有两个特征：其一，单色版、套色线条版都是实地印制（刷色），单色及三色网目版的网点细密、规则、均匀；其二，凸版印制的邮票图文色块和线条比较呆板，看上去与单色平版近似，墨色陷入纸面，偶尔也有膨胀外溢的感觉，有时背面可见版面凸出部分压痕。

普2天安门图案普通邮票（第二组）
（1950年6月9日）（锌质照相凸版印制）

2. 凹版邮票

印版的图文部分低于空白部分，形成可容墨的凹槽，故称凹版。印刷时，在版面上涂墨后，再将印版上凸起部分（空白部分）的油墨刮掉，只留下凹槽中的油墨。覆纸加压后，使印版低凹部分的油墨移印到纸面上。凹版可分照相凹版、手工雕刻凹版、电子雕刻凹版等。凹版印刷制版工艺要求高，较难伪造，因此常用于印制纸币及邮票。

197

（1）照相凹版。也称影写版，即采用照相方法制成的凹版印版。用三原色油墨进行套印，即可印出色彩与原稿相符的邮票；为了表现画面的深暗部分，有时再增加黑版、灰版或其他色版套印，称为"四色版""五色版"等，以达到墨色淳厚、简洁明快的效果。影写版的特征是：版纹深，网纹细，吃墨量大，表现能力强，用三色版或四色版就能印制出色彩鲜艳、浓郁、纯正、层次丰富、柔和细腻、刷色效果比较好的邮票。影写版邮票最早出现于1914年。我国从1959年开始，由北京邮票厂第一次采用影写版印制纪62《"五四"运动四十周年》邮票和特33《苏联宇宙火箭》邮票，受到集邮者的欢迎。随后开始大量使用影写版印制邮票，如《金鱼》、《菊花》、《梅兰芳舞台艺术》、第三轮十二生肖邮票都是利用影写版印制的。

（2）雕刻凹版。也称雕刻版。在钢版或铜版上雕刻出与邮票大小相同的反像图案、线条或文字，可直接做印版，也可用压制法复制多块印版印制邮票。雕刻版的特征是：形象逼真，墨层较厚，刷色厚实，有较强的光泽，手摸有凸起感；线条精细，图案和文字都非常清晰；印制效果好，艺术性较强，能防伪造。1840年世界上第一枚邮票英国的"黑便士"邮票就是雕刻凹版印制的。中华人民共和国成立初期的邮票从纪2《中国人民政治协商会议纪念》开始，大部分邮票都是采用雕刻版印制，如纪5《保卫世界和平》（第一组）就是雕刻版印制。

特33《苏联宇宙火箭》
（1959年9月10日）
（影写版）

纪5《保卫世界和平》（第一组）（1950年8月1日）
（雕刻版）

3. 平版邮票

印刷时，印版的图文和空白部分在同一平面上，利用油、水不相溶的原理，空白部分因有水分不沾墨，当纸和印版接触时，图文上的油墨便转移到了纸面上，故称平版。因制版材料不同，平版分石版、胶版、珂罗版印刷等，广泛应用于邮票印制。

（1）石版印刷。简称"石印"。以微孔石料做版材，用脂肪性转写墨，将图案、文字反像描绘在石面上，或通过转写纸转印在石面后，即成印版。石版印刷具有刷色专一、沉着、色彩纯正、鲜艳的特点。中国的解放区邮票有些就是采用石版印制而成，如1931年9月赤色邮政发行的T.CY-6湘赣边省赤色邮票就是石版印制的。

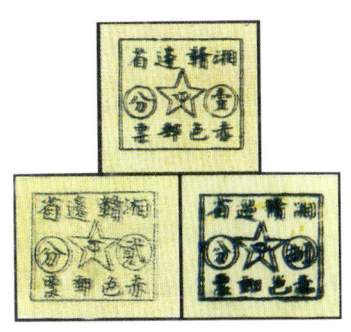

T.CY-6 湘赣边省赤色邮票（1931年9月）（石版印制）

（2）胶版印刷。指平版胶印，是一种间接印刷方法。印刷时，先将印版图文上的油墨印到包着胶皮的滚筒上，通过印版图案，文字部位吸墨和空白部位不吸墨的原理，再平印到纸上。平版胶印具有墨层薄、颜色鲜亮、色调柔和的特点，一般只用四色。1843年瑞士最早出现平版胶印邮票。中华人民共和国1959年10月1日发行的纪68《中华人民共和国成立十周年》就是胶版印制的。胶版印制的邮票容易伪造，故使用的纸张和油墨都比较特殊，以防止伪造。现今，胶版邮票还采用先进的印刷机械和印刷工艺，如多色接线印刷法、显微暗记法等，大大提高了胶版邮票的防伪能力。

纪68《中华人民共和国成立十周年》（第二组）
（1959年10月1日）（胶版印制）

（3）珂罗版印刷。因用厚磨砂玻璃做版材，所以也称"玻璃版"。制版时先在玻璃板上涂上感光明胶，以照相阴图覆在感光膜上曝光，使硬化程度不同的胶膜具有不同的吸附油墨的能力，通过印刷机将油墨印在纸上。珂罗版不加网屏，能较好地表现原稿的浓淡层次，色调接近原稿，适宜复制绘画、手迹和照片。珂罗版曾用于某些早期邮票及首日封图案的印制。

4. 影雕套印版和胶雕套印版

因使用影写版和雕刻版混合套印邮票，故称影雕套印版；因使用胶版和雕刻版混合套印邮票，故称胶雕套印版。采用套印方式，可以把两种或两种以上印版的优点集中起来，取长补短，使印刷效果更加完美。如影雕套印，影写版印刷的版纹全部是由不同深度的网纹组成，在细线条或细文字笔画处，常呈现出锯齿形的网点，但影写版印刷的成品比较光洁完整，而雕刻版恰好运用其粗犷挺拔的点、线，补充了影写版的某些不足。因此，使用影雕套印方法印制的邮票色彩丰富、线条清晰、图案优美自然、工艺细腻完整。中华人民共和国邮票如特57《黄山风景》、特63《殷代铜器》、编号邮票49-52《红旗渠》、T46《庚申年》等都采用影雕套印。另外，如纪59《三八国际妇女节》、1996-26《上海浦东》等邮票，就是采用胶版和雕刻版套印而成。

第五章 邮票的辨伪

编号邮票 49-52《红旗渠》（1972 年 12 月 30 日）（影雕套印）

纪 59《三八国际妇女节》
（1959 年 3 月 8 日）（胶雕套印）

5. 誊写版邮票

是孔版印刷的一种，也称油印。将图样和文字用打字机打印或铁笔刻画到特制的蜡纸上，制成印版，然后放在油印机上，施以油墨即可付印。用誊写版印制的邮票图案简单、工艺粗糙、极易伪造，只有在艰苦的条件下迫不得已才

J.HB-41 临时邮票
（1946 年 9 月 20 日）（誊写版）

采取这种印刷方法。我国 1946 年解放区曾应急发行过油印邮票，如冀鲁豫边区曾发行 J.HB-41 临时邮票誊写版邮票。

五、分辨邮票刷色

1. 刷色的定义及种类

邮票上所印的颜色称刷色，一般分为单色、双色和多色（彩色）。邮票所印的颜色是反映邮票设计和印刷工艺水平的重要指标。刷色是油墨、印刷工艺、纸张的综合产物，其中油墨起决定作用，也受印刷工艺和纸张的影响。

2. 油墨印刷邮票的特点

油墨是印刷邮票的主要材料，由粉状颜料分散在含油的溶剂中制成。按照印版类别和印刷机种类分类，油墨一般分为平版油墨、凸版油墨、凹版油墨三大类。印制邮票使用的是特制油墨，它既具有良好的物理性能，如耐用度和稳定性强、耐光、耐磨、耐冷热等，而且还具有良好的化学性能，如化学稳定性强、耐溶剂、耐洗涤剂、耐酸碱、耐氧化剂和还原剂等。采用特制的油墨，用特制的邮票专用纸，加上先进的印刷技术，印制出来的邮票外观色光齐全、色调柔和、鲜亮美观，刷色具有图案色相纯正美观、色泽浓艳鲜亮、线条精细光洁的特征。

六、比较邮票票幅

邮票的票幅指邮票总体尺寸规格，通常以"横边×直边"表示，单位为毫米（mm）。有些邮票图案有边框或底色，有时也用图幅表示。图幅即邮票的画幅，表示的方法和单位同票幅。通常邮票规格就是邮票的票幅，票幅规格比较严格，是鉴别邮票真伪的重要证据。

在此特别提醒：用有齿邮票制造假无齿邮票，其票幅一般都要比真无齿邮票小1～2mm；用真邮票翻拍制版，制作假邮票，由于在翻拍、印刷、打孔等制作过程中难免发生技术问题，也常出现与真票规格不一样的纰漏。因此，掌握邮票票幅规格和测量邮票的票幅是鉴别邮票真伪的一种常用手段。

T43《中国古典小说——〈西游记〉》（1979年12月1日）

七、全面掌握邮票暗记

1. 暗记的定义

在设计邮票时，为了防伪，设计师利用邮票上的图案、文字等部位，有意、技巧性地设计各种字母、数字、文字等隐藏在邮票图案中，称为暗记。利用高倍放大镜才能看到暗记的真面目。

暗记是一种防伪、辨伪的标记，它既是公开印在邮票上的，又尽量将暗记隐藏起来。作为集邮者和邮票投资者，必须全面掌握邮票的暗记，才能辨别邮票的真伪，才不易受骗。首先，要了解邮票的暗记，可以查阅邮票辨伪书刊，一般新邮发行后，在集邮杂志、报纸上都有文章介绍暗记。

2. 无法伪造暗记

有人担心若将邮票暗记公开，会给不法分子制造假邮票提供方便。其实，随着集邮知识及邮票辨伪知识的普及，邮票上的暗记也不是神秘莫测的，通过仔细观察、反复识别、认真研究，完全可以准确识别。对于制造假邮票的不法分子来说，他们也在研究暗记，但是，由于受印刷条件和印刷方式的限制，再加上一般的暗记都很微小，所以无法伪造出来。例如雕刻版邮票上的暗记，用真邮票翻拍制版、原大、原色印制出来的假邮票，真邮票上的细微暗记早就变得模糊不清了。

3. 暗记实例

如T44M《齐白石作品选》小型张，在齐白石像后脖颈儿上，雕刻有"小"和"老"两个字的暗记。伪品套色胶印，暗记则看不见了。

又如，特70《中国登山运动》第3枚的图案中，在登山运动员背后山坡上的冰雪线条中，藏有暗记"山"、"3"和"人"三个字。这个暗记设计得很巧妙，既用"山"字暗示邮票的主题是登山运动，又用"3"字表明这枚邮票是全套中的第3枚。伪品图案已经模糊，看不到暗记了，这三个字起到了很好的防伪作用。

公开邮票上的暗记，是为了让广大集邮者掌握，以便识别邮票真伪。中华人民共和国成立以来发行的纪念、特种邮票及纪念邮资封大部分都有暗记。

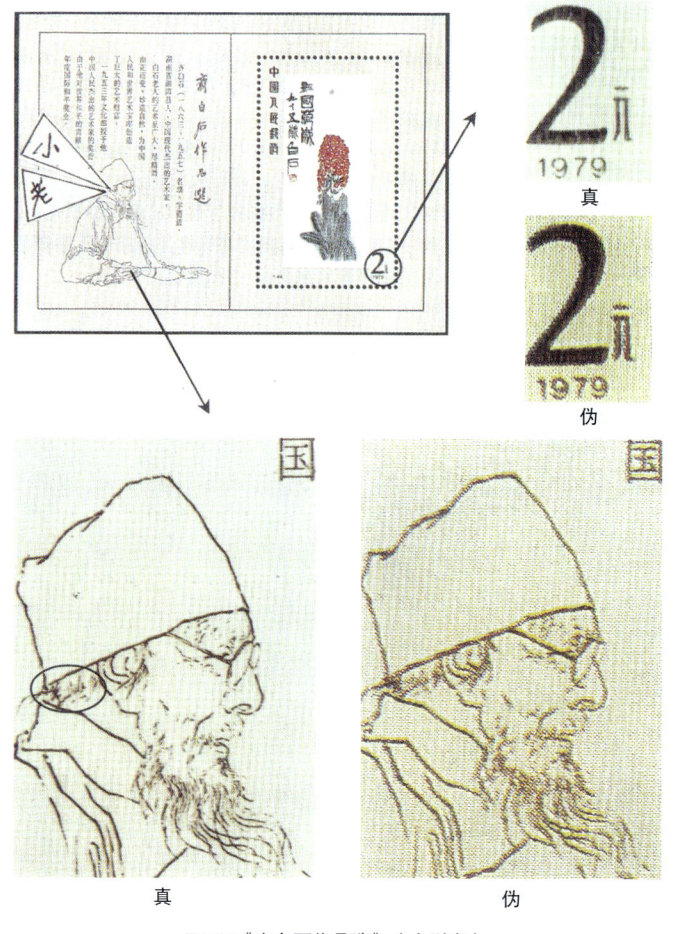

T44M《齐白石作品选》（小型张）
（1980年1月15日）（小型张辨伪图）

八、认真观察邮票上的水印

1. 水印的定义

在造纸过程中，由于金属网线或水印辊上纹线的作用，使制成的纸上留有或薄或厚的纹印，称为水印。水印是有价证券防伪的一种重要手段。

2. 水印的种类

用水印纸印制的邮票，根据纸张上水印的特征，大致可分为以下3种。

（1）单式水印：指一票一个水印，在每枚邮票上都有一个相同的水印。如中国清代 1888 年发行的普 2.2 小龙光齿邮票，每套 3 枚邮票，每枚邮票上都有一个"太极图"水印。

（2）复式水印：指水印在全张邮票纸上重复出现，排列规则，但在每枚邮票上所含水印则不规则。如 1941 年 8 月 16 日，中华邮政首次发行的带水印邮票普 19 香港中华三版有水印孙中山像邮票全套 5 枚，其水印为连续的篆体"邮"字。

（3）全张水印：其水印图案比较大，单枚邮票上仅有该水印的局部，只有把多枚邮票相连在一起，才能看到水印的全貌。如在解放战争时期，东北邮电管理总局 1947 年 3 月 8 日发行的 J.DB-35《三八国际妇女节》纪念邮票，就是用有水印绢丝纸印制的。

普 19 香港中华三版有水印孙中山像邮票（1941 年 8 月 16 日）（有水印邮票）

J.DB-35《三八国际妇女节》纪念邮票（有齿、无齿各 2 枚）
（1947 年 3 月 8 日）（有水印绢丝纸）

第二节　掌握识别邮票的技巧

一、假邮票的种类

邮票作为邮资凭证和收藏艺术品，其真实性和珍贵性深受集邮者的关注。因此，识别邮票真伪是集邮者必备的技能。假邮票大致可分为以下五类。

1. 伪造邮票

伪造邮票就是假邮票，俗称赝品，系依据真邮票模仿制作的，有的是从印有邮票票样的画报、图录上剪下来加工而成，也有不法者用彩色复印机伪造高档小型张出售，使初入邮坛的集邮者上当受骗，如2004-23《中华人民共和国国旗国徽》邮票及T31M《公路拱桥》小型张赝品案例。近年来，随着科学技术的发展，伪造邮票犯罪已呈团伙、集团化发展趋势，因此广大集邮者必须认真掌握邮识，擦亮眼睛，识破伪造邮票。

真品　　　　　　　　赝品

2004-23《中华人民共和国国旗国徽》（2-1）
（2004年9月30日）
真品：影写版，邮票纸，有异形齿孔，面值80分。
伪品：胶印，铜版纸，无异形齿孔，面值80。

T31M《公路拱桥》（小型张）（1978年11月1日）（赝品）（不法者将面值2元斜线刮掉出售）
真品：影写版，票面清晰。
伪品：胶印，印制粗糙，面值有刮痕。

2. 变造邮票

变造邮票就是把真邮票加以改造，使之成为珍品。作伪手段是对真邮票进行修改，使其改头换面，伪装成高档邮票。由于是使用真邮票做基材，往往使人放松警惕。变造邮票主要有假齿孔邮票、假水印邮票、假加盖邮票、假刷色邮票、假背胶邮票等。还有的将盖销邮票的邮戳刮掉，冒充新邮票；更严重的有不法者用补票法偷梁换柱，修补邮票，如编号邮票《纪念巴黎公社一百周年》第2枚8分邮票，因价值高，所以修补变造邮票很多，必须提高警惕，以防赝品。

3. 仿制邮票

仿制邮票就是对真邮票进行仿造。仿制邮票的各项技术要素全是假的，只有与真邮票认真对照，才能现出原形。国内出现的小型张、邮资片等赝品，印刷的数量都比较大，大多都是照相制版后用印刷机印刷出来，从图案上一般很难找出破绽，必须通过版别、刷色、纸质、暗记等方面辨别其真伪。

4. 臆造邮票

臆造邮票是指伪造者随心所欲、凭空想象、虚构制造出的假邮票。这类假邮票有的虚构国名，有的地名虽真，但图案却是凭空想象出来的。这些臆造邮票是国家邮政部门没有发行过的。我国曾出现过的臆造邮票有解放区邮票、民国加字改值邮票、地方邮票等多种,其中危害最大的是不法分子臆造的解放区邮票,种类繁多,印刷量大,流通广,直到20世纪50年代初才被揭露,危害很大。

5. 惊人的"花纸头邮票"

"花纸头邮票"票面印制比较粗糙,用肉眼就能看出印刷网纹,线条不清晰,套色不准。貌似邮票,也印国名、图案、面值,打有齿孔,个别的刷有背胶。"花纸头邮票"所用的纸张常见的是印画报的铜版纸,纸质低劣;几乎全部采用胶版印刷,齿孔不光洁、不规范;邮戳不是盖上的,是印刷时与图案一并印刷上去的。

许多"花纸头邮票"上的国名(地名)为臆造,或为过去存在现已不能单独发行邮票的国名(以阿拉伯地区的地名居多)。例如,DHUFAR(杜法尔)、SOUTH ARABIA(南阿拉伯)等均为不存在的国名(地名)。

关键在于这种"花纸头邮票"不是一个国家的邮政部门实际发行的,不具备作为邮资凭证的作用,不能作为邮票贴用,上面印的国名、面值都是虚假数字,只能被认为是非邮票的画片。

二、鉴定邮票使用的工具

1. 鉴定邮票齿孔

测量齿孔可用量齿尺和标准直尺。

2. 鉴定邮票版别、邮票暗记

可用40倍放大镜观察。

3. 鉴定邮票纸质、版别、水印、荧光喷码

可用紫光灯观察。

三、识别邮票真伪是集邮者的基本功

要全面了解邮票,须认真研究邮票的纸质、背胶、齿孔、版别、刷色、票幅、

暗记、水印，全面掌握邮票辨伪八要素。识别邮票真伪是集邮者的一项基本功，也是集邮研究的重要内容。集邮者应多学习、多观察、多请教、多验票，不断提高邮票辨伪水平。遇到假票或存疑的邮票难以判断时，可请相关专家鉴定，珍贵邮票可请权威鉴定机构协助鉴定。位于北京的中国邮票博物馆设有邮票鉴定中心，有专业的邮票辨伪专家提供邮票鉴定服务，通过高科技的仪器和设备保证邮票鉴定的科学性，该邮票鉴定中心是权威的邮票鉴定机构。

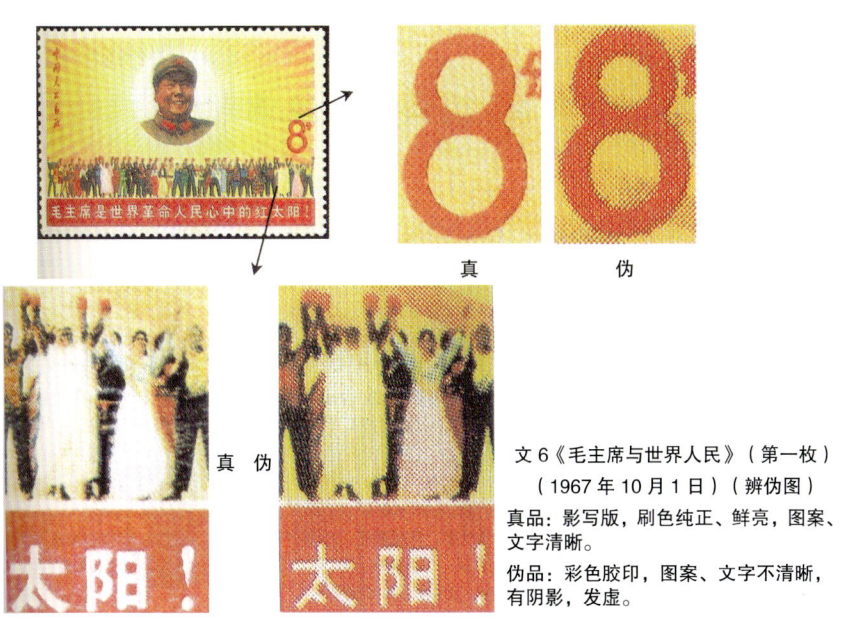

文6《毛主席与世界人民》（第一枚）（1967年10月1日）（辨伪图）
真品：影写版，刷色纯正、鲜亮，图案、文字清晰。
伪品：彩色胶印，图案、文字不清晰，有阴影，发虚。

第三节 中华人民共和国典型邮票辨伪实例

为了保护集邮者的利益，提高广大集邮者、邮票投资者对邮票的鉴别能力，本节从邮票的纸质、版别、刷色、背胶、齿孔、暗记等方面对典型邮票、小型张、小本票进行综合整理，分析辨伪实例，供大家参考，提高邮票辨伪能力。

一、纪念、特种邮票辨伪实例

1. 纪71《中华人民共和国成立十周年》（第五组）

纪71《中华人民共和国成立十周年》（第五组）纪念邮票，1959年10月1日发行，全套1枚。唐霖坤设计，雕刻版。邮票面值20分，票幅规格57mm×33mm，发行350万枚。

这套邮票发行量比较少，因通信消耗大，存世量更少，故市场售价较高。有些不法分子使用纪71真品翻版印制伪品出售，欺骗没有鉴别邮品知识的集邮者。

那么，如何鉴别这套邮票的真伪呢？

真

伪

纪71《中华人民共和国成立十周年》（第五组）
（1959年10月1日）

（1）看纸质：真品采用邮票纸印制，纸质坚韧，吸墨性能好；伪品采用铜版纸印制，纸面光滑明亮。

（2）看版别：真品采用雕刻版单色印刷，用高倍放大镜观察，邮票图案线条细腻，根根可数；伪品是翻版胶印，邮票图案上线条和人物形象模糊，不清晰。

（3）量齿孔：真品齿孔14度，毛齿；伪品齿孔不规则，光齿。

（4）看暗记：真品为雕刻版印制，在图案右下角、"1959"正上方的花丛中，藏有"中""人""五""9"四个文字暗记；伪品均模糊。

（5）看背胶：真品未刷背胶，票背面呈纸质本色，纸面粗糙；伪品纸面光洁。

2. 纪100《第一届新兴力量运动会》

纪100《第一届新兴力量运动会》邮票，1963年11月17日发行，全套5枚。由孙传哲、吴建坤、周令钊设计。第1、2、4、5枚是影雕套印，第3枚是影写版。背面刷胶。北京邮票厂印制。

这套邮票因题材好，发行量少，供求矛盾突出，邮市价格较高。伪造者利用原大、原色的邮票目录图案，经过打孔、刷假背胶来欺骗集邮者。

那么，如何鉴别这套邮票的真伪呢？

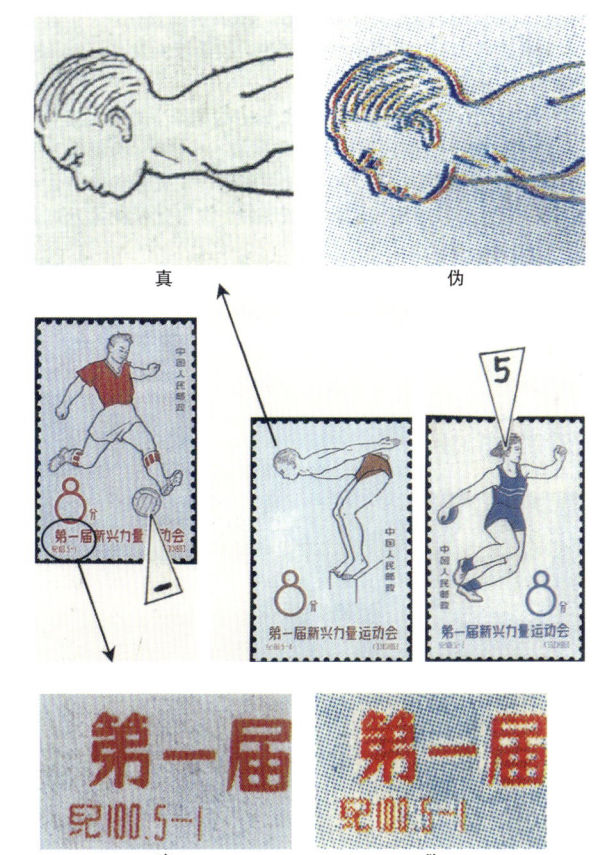

纪100《第一届新兴力量运动会》（1963年11月17日）（辨伪图）

（1）看版别和刷色：纪100真品邮票中（331）（332）（334）（335）均为影雕套印，（333）为影写版，用放大镜观察邮票图案，雕刻版线条清晰，根根可数；伪品套色胶印，用放大镜观察图案上的线条和文字，有粗糙的套色网点。

（2）看纸质：真品采用邮票纸印制，纸质挺括、坚韧、吸墨性能好；伪品纸质松软，纸面白亮。

（3）看背胶：真品背面刷有糊精胶，胶面厚而发亮；伪品有假背胶，胶面薄，不明亮。

（4）看暗记：纪100真品在（331）邮票图案中的足球下边缘上方有一个"一"，在（332）掷铁饼运动员的耳中藏有一个"5"字。

3.T46《庚申年》

1980年2月15日，为了欢度新春佳节，邮电部发行一套《庚申年》特种邮票，全套1枚；邵柏林设计，黄永玉原画；邮票面值8分；票幅规格26mm×31mm；发行500万枚；影雕套印；姜伟杰雕刻；齿孔11.5度；全张枚数80（8×10）枚；北京邮票厂印制。

T46是我国发行的第一轮生肖系列邮票的第一枚，印制精美，发行量很少，故成为J字、T字票中的珍品，市场售价比较昂贵。目前市场已发现伪品。

那么，如何鉴别这套邮票的真伪呢？

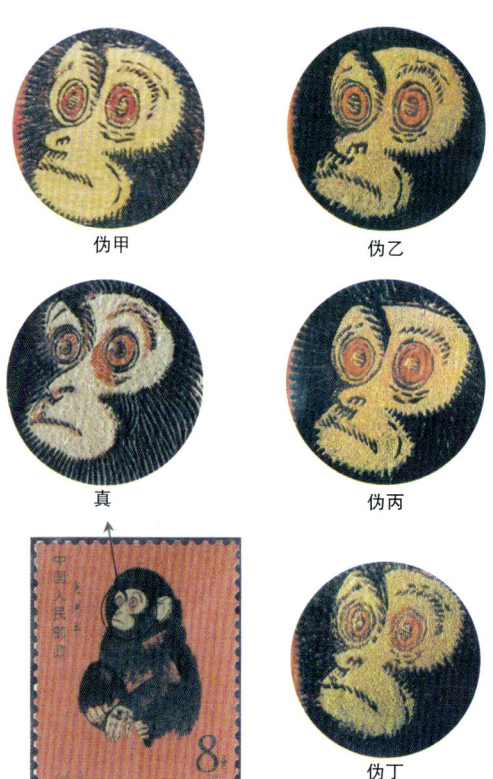

T46《庚申年》（1980年2月15日）（辨伪图）

（1）看纸质：真品采用邮票纸印制，纸质光洁细腻，坚韧挺括。伪品采用铜版纸印制，纸质光亮；有的采用胶版纸印制，纸质松软、粗糙。

（2）看背胶：真品刷有PVA合成背胶，胶面薄而均匀，光亮；伪品有的没有刷背胶；有的刷假背胶，无胶性；有的胶面不均匀。

（3）看金猴眼睛：真品金猴右眼圈儿的两条雕刻线圆而整齐，圆眼珠上刻有三条线；伪品金猴右眼圈儿的两条雕刻线刻得都不圆，也不整齐，有的弯弯曲曲，有的眼珠不圆，均呈椭圆形。

（4）看齿孔：真品齿孔打得圆润、笔直、规范；伪品齿孔打得不够圆润，不够规范，齿孔有大有小，也不在一条直线上。

（5）看版别和刷色：真品采用影雕套印，刷色鲜亮、纯正、沉着；金猴脸部、耳部、四足套印金墨，色泽如赤色，金光灿烂。用高倍放大镜观察邮票图案，图案线条和文字均为雕刻版印制，线条规矩整齐,清晰明快,质感强；铭记"中国人民邮政"和面值"8分"中，两条雕刻线之间均可隐约观察到邮票的红底色；铭记"中国人民邮政"的每一个字，笔画均采用双线中空雕刻，线条清晰。伪品有两种版别：其一，利用T46真品原大翻拍制版，铜版纸胶印而成，刷色轻浮、浅淡、不鲜亮；放大镜观察图案，文字发虚，模糊不清。其二，模仿真品雕刻制版，但刷色不够鲜亮，尤其是黑墨色，显得墨无光泽，"金"的光泽和质感均比真品差，雕刻线条不规范。

（6）雕刻版伪品。雕刻版质感比较强，金猴的神态比较逼真，与真品区别如下：

1）铭记"中国人民邮政"中的"民"和"邮"字与真品有差异："民"字中的两个"钩"长短和形状不一样；"邮"字中的"由"最末一笔一横，T46真品直而水平，伪品则向下斜。

2）"庚申年"中的"庚"和"申"字，比真品肥大，缺少真品那种瘦而有力的韵味。

3）志号"T.46.（1-1）"中的T，真品采用手写体，笔画笔直,字形瘦细；伪品采用印刷体，横、竖笔画两端均变粗，显得肥大。

4）边纸上的红底色，真品边缘比较整齐；伪品不整齐。

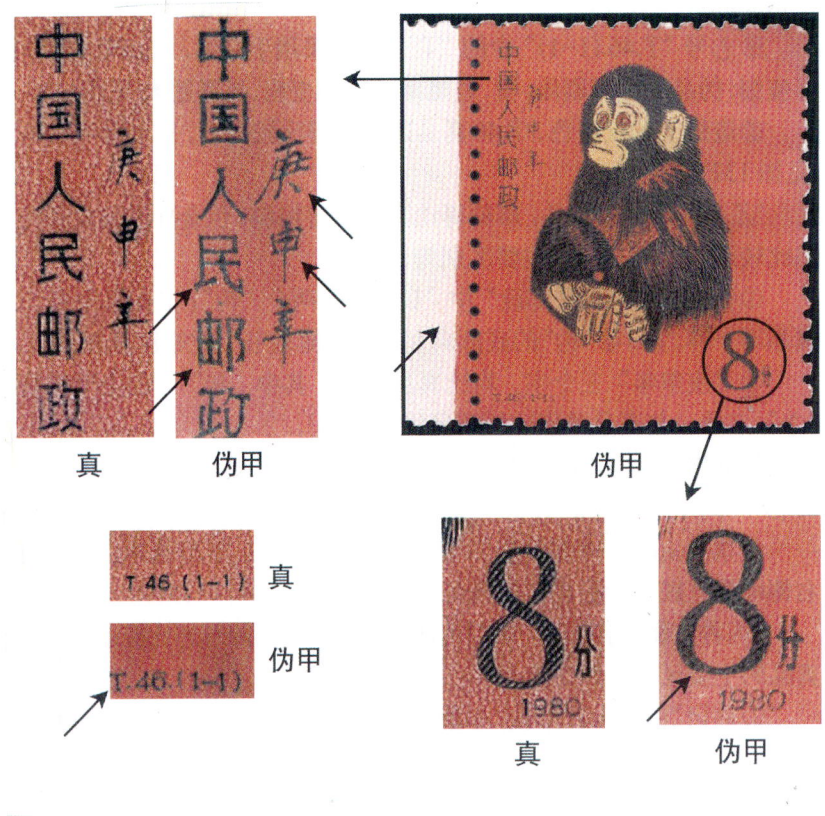

T46（1-1）《庚申年》（1980年2月15日）（辨伪图）

二、小全张、小型张辨伪实例

1. 纪47M《人民英雄纪念碑》（小全张）

纪47M《人民英雄纪念碑》（小全张），1958年5月30日发行；刘硕仁设计；面值8分；尺寸规格87mm×137mm，邮票图幅规格35mm×27.5mm；发行20万枚；红色；雕刻版；无齿孔；无背胶；中国近代印刷公司印制。

纪47M《人民英雄纪念碑》（小全张）新票存世量较少，售价较高。不法分子为牟利，利用真品照相制版，套色胶印所印制的原大、原色邮票目录图案，背面涂上假胶（真品无背胶），冒充真品，欺骗集邮者。

那么，如何鉴别这枚小全张的真伪呢？

（1）看纸质：纪47M真品采用邮票专用纸印制，纸质厚实、挺括；纪47M伪品采用铜版纸印制，纸质软，纸面发亮。

（2）看版别和刷色：纪47M真品用雕刻版印制，线条清晰，根根可数；刷色瓷实，色彩纯正。伪品采用套色胶印，色彩不鲜亮。

（3）看暗记：纪47M真品在邮票图案人民英雄纪念碑正面顶部，藏有暗记"人""工"两个字，在左侧顶部与正面顶部交接处藏有一个"中"字。这三个文字暗记均比较细小，清晰可见。伪品均呈印刷网点。

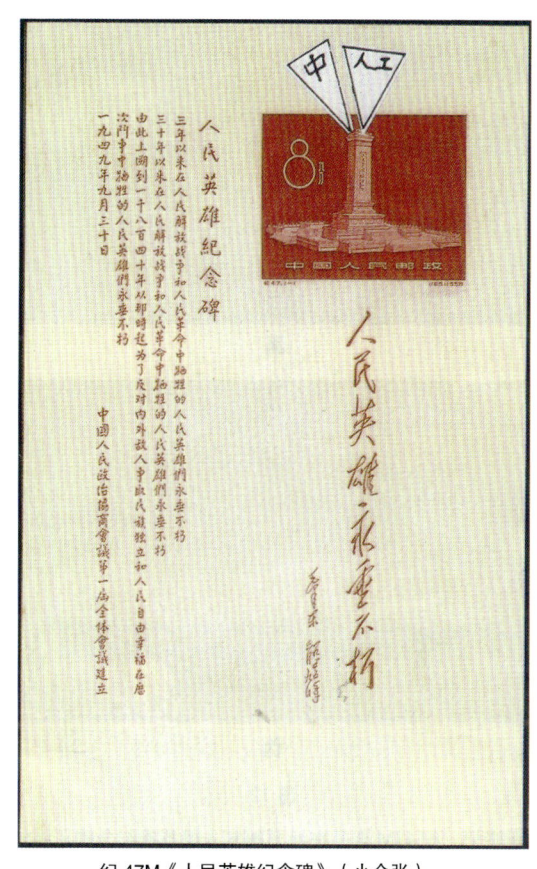

纪47M《人民英雄纪念碑》（小全张）
（1958年5月30日）（辨伪图）

2.T82M《西厢记》（小型张）

1983年2月21日邮电部发行T82《西厢记》邮票一套，全套4枚，同日发行小型张1枚，刘硕仁设计。小型张面值2元，尺寸规格130mm×80mm，邮票票幅规格31mm×52mm；发行94.1万枚；影雕套印；齿孔11.5度；北京邮票厂印制。

这枚小型张题材好，印制精美，发行量比较少。有些不法分子利用T82M真品翻拍制版，采用铜版纸原色、原大套色胶印，印制T82M伪品出售。T82M伪品至少有两种，"甲种"伪品刷色比较逼真，"乙种"伪品刷色有点偏红。

那么，如何鉴别这枚小型张的真伪呢？

（1）看版别和刷色：真品采用影雕套印，黑色墨线均为雕刻版印制，线条清晰，尤其是面值"2元"中的"2"字，上面雕刻的斜线条，线条清晰，根根可数；小型张边饰上的底纹及"西厢记"三字长方形印章，均为专色版印制。伪品采用胶版印制。用高倍放大镜观察，均可发现邮票图案上的黑色线条无雕刻版的凹凸感，线条发虚，特别是面值"2元"中的"2"字上的斜条，有断续糊墨的现象。

（2）看背胶：真品刷有合成背胶，胶面薄而均匀。"甲种"伪品刷有背胶，是伪胶，胶面不均匀；"乙种"伪品未刷背胶。

（3）看暗记：真品邮票图案左边莺莺弟弟欢郎的头顶发结根部，有一个向左下方斜倒着的"2"字，面值"2元"的含义；在莺莺身后的花枝上有断口，这是雕刻版上的暗记。伪品在翻拍制版时均无以上暗记。

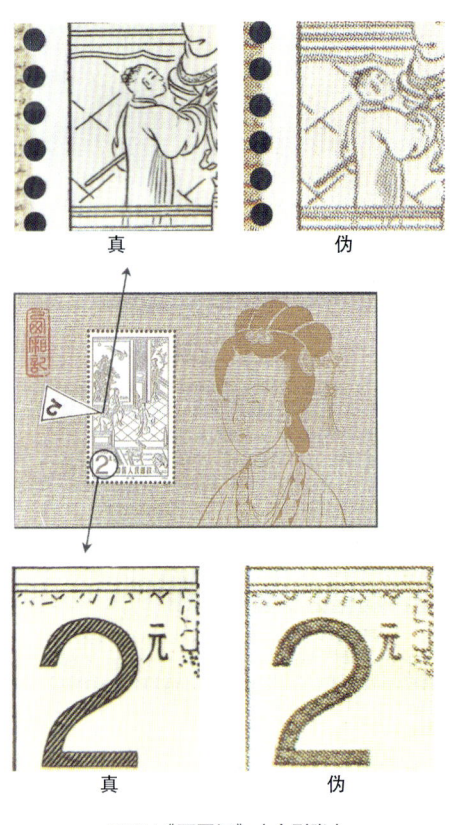

T82M《西厢记》（小型张）
（1983年2月21日）（辨伪图）

（4）量规格：真品邮票票幅规格为31mm×52mm。在伪品中，"甲种"伪品邮票票幅规格为31mm×53mm，故伪品底边挨近齿孔的小型张边饰与真品相比有着明显的不同；边饰图右半部的仕女图和左上角的"西厢记"图章均为重新描绘，足可以假乱真，但在细微部分仍有明显区别。

（5）用鉴伪仪鉴别：真品采用邮票纸印制，在鉴伪仪的紫光灯照射下，邮票白底呈浅紫色。伪品采用铜版纸印制，在鉴伪仪的紫光灯照射下，邮票白底呈雪白色。

3.T99M《中国古典文学名著——〈牡丹亭〉》(小型张)

1984年10月30日，邮电部发行T99《中国古典文学名著——〈牡丹亭〉》邮票一套，全套4枚，同日发行小型张1枚。李为设计。小型张面值2元，尺寸规格136mm×80mm，小型张邮票票幅规格90mm×60mm，发行209.1万枚；影写版；齿孔11.5度×11度。

这套邮票是"中国古典文学名著"系列邮票的一种，题材好，设计和印刷都很精美。小型张发行量少，市场售价不断上涨，故有些不法分子制假销售。

那么，如何鉴别这枚小型张的真伪呢？

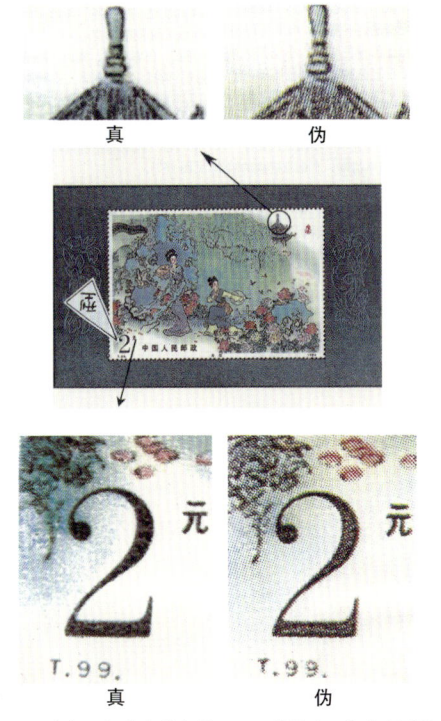

T99M《中国古典文学名著——〈牡丹亭〉》(小型张)
(1984年10月30日)(辨伪图)

（1）看纸质：真品采用邮票纸印制，吸墨性能好，纸质坚挺，有韧性。伪品采用铜版纸印制，纸质较松软。

（2）看背胶：真品刷有背胶，胶面薄而均匀。伪品有的刷假背胶，胶面粗糙、不均匀；有的则未刷背胶。

（3）看暗记：真品在面值2元中的"2"字左方，有一个由影写版网点组成的倒"型"字，用高倍放大镜观察，清晰可见。伪品放大观察，则难以辨认。

（4）看版别和刷色：真品采用影写版印制，刷色纯正、鲜艳、厚实，线条、文字清晰，用高倍放大镜观察，文字、印章、字迹清楚，不模糊。伪品采用套色胶印，刷色不够纯正，色泽浅淡，偏红，邮票图案上的线条和文字比较模糊。

4.1997-13T《寿山石雕》(小型张)

1997年8月17日，为了广泛宣传寿山石雕艺术，邮电部发行1997-13T

《寿山石雕》邮票一套，全套4枚，同时发行小型张1枚；任国恩、柯永生设计；面值800分；小型张规格97mm×97mm，邮票票幅规格60mm×60mm；发行2120.56万枚；胶印；齿孔12度；河南省邮电印刷厂印制。

该小型张设计新颖、精美，受到集邮者的好评。初发行时，邮市上售价较高。有些不法分子为牟利，用真品翻拍制版，原色、原大用铜版纸套色胶印，伪造赝品出售。

那么，如何鉴别这枚小型张的真伪呢？

（1）看版别和刷色：真品与伪品均采用胶印，但由于制版和印刷工艺不同，用高倍放大镜观察邮票的图案和文字，真品刷色纯正，色彩鲜亮、浓郁，文字笔画清晰。伪品因翻拍制版，网线较粗，刷色不纯正，色彩浅淡，文字笔画发虚，有暗影，充满粗糙的彩色网点。

（2）看暗记：真品邮票图案下部，居中"乐天"印章左边龙的尾部，有两个细小的"Q""L"暗记，它们是"乾""隆"二字汉语拼音的首字母。伪品则无此暗记。

（3）看纸质：真品采用邮票纸印制，纸质挺括，吸墨性能好。伪品采用铜版纸印制，纸质松软，纸面白亮。

（4）看背胶：真品刷有PVA合成背胶，胶面均匀、细腻。伪品未刷背胶。

（5）用鉴伪仪鉴定：真品采用邮票纸印制，在鉴伪仪的紫光灯照射下，白色纸面呈暗紫色。伪品采用铜版纸印制，在鉴伪仪的紫光灯照射下，纸面呈亮白色。

1997-13T《寿山石雕》（小型张）
（1997年8月17日）（辨伪图）

三、小本票辨伪实例

SB（1）1980《童话——〈咕咚〉》小本票

1980年9月20日，邮电部发行编号SB（1）1980《童话——〈咕咚〉》小本票。小本票尺寸规格100mm×66mm，本内装有从T51整版票上撕下的两套票，面值为0.64元，售价也为0.64元，发行10万册，北京邮票厂印制。

SB（1）1980是我国发行的第一册小本票，发行量少，市场价格上升。有些不法分子便乘机用SB（1）1980真品的封面进行翻版，印制假小本票封皮，然后加上T51票出售。故SB（1）1980伪品邮票是真的，封皮是假造的，集邮者很容易被欺骗。

那么，如何鉴别这册小本票的真伪呢？

（1）看纸质：真品的封皮采用浅黄色卡纸印制，纸的纤维较长，用高倍放大镜观察，可见棕褐色纤维。伪品的封皮现今已有十几种，现重点介绍两种："甲种"假封皮用白色卡纸印制，纸面显得白洁光滑，用高倍放大镜观察，纸纹细腻，纤维比较短；"乙种"假封皮用浅黄色卡纸印制，表面色泽与真品相似，但用高倍放大镜观察，纸纤维和色泽均与真封皮有差别。

（2）看封皮版别、刷色和图案印刷效果：真品封皮采用铜锌版

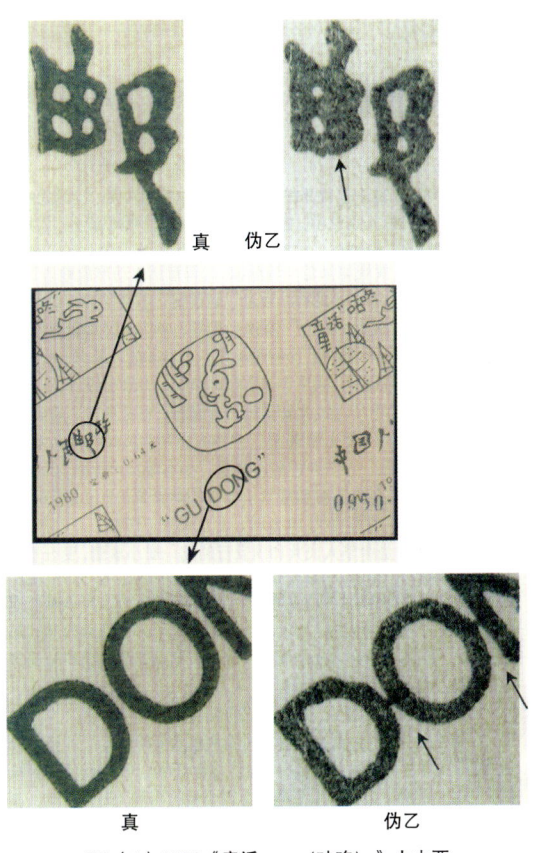

SB（1）1980《童话——〈咕咚〉》小本票
（1980年9月20日）（辨伪图）

凸印，草绿单色印刷，图案刷色纯正，图案线条印得清晰鲜亮，文字笔画整洁清爽，将封皮侧光观看，可见凸版压印的痕迹。伪品封皮有的采用胶版印制，刷色不纯正，油墨显得轻浮，从侧光观看，没有凸版压印痕迹；有的采用与真品相同的铜锌版凸印，因在翻拍制版时铜锌腐蚀后制出的版模较粗糙，使图案、文字印得不清爽；有的线条发毛，笔画发糊，如"乙种"假封皮上"GUDONG"中的"DON"，"邮政"中的"邮"字，均出现糊墨现象。

（3）看封皮上打印的编号：真品封皮上用打号机手工打印了蓝色编号，编号字体为宋体，号码笔画粗细不一样。伪品封皮上的蓝色编号字体为圆黑体，号码笔画都一般粗细。

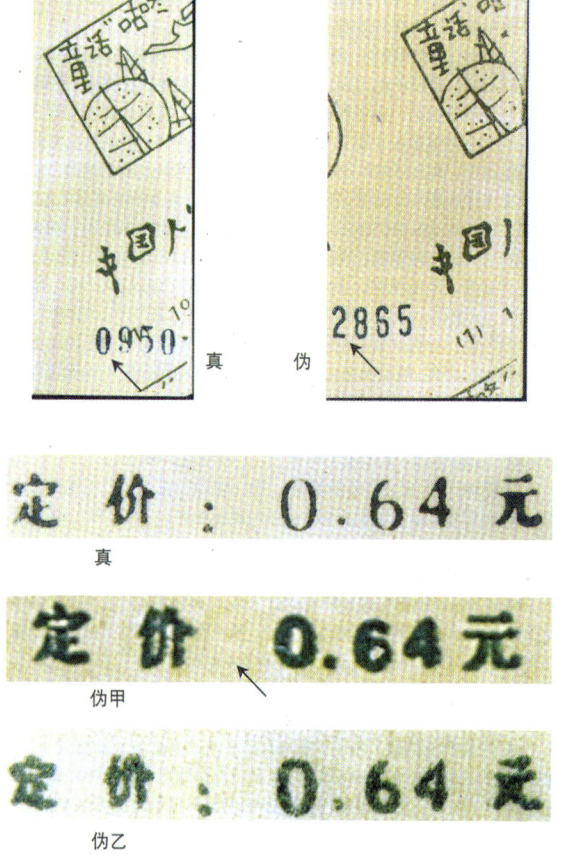

提醒集邮者注意：真品封皮上打印的蓝色编号位数共有两种，一种3位数，另一种4位数；4位数左起第1位必是0。伪品有的3位数，有的4位数，更有甚者有5位数；在许多伪品中，编号4位数左起第1位均不是0。由此可直观地判断其真伪。

SB（1）1980《童话——〈咕咚〉》小本票
（1980年9月20日）（辨伪图）

T87《京剧旦角》（1983年7月30日）

第 六 章

浅谈邮票投资

当前投资种类很多，邮票投资属于集邮文化范畴内的一项重要内容。从事邮票投资理财能获得较大的收益，这一点在社会上已形成共识。然而，邮票投资与其他收藏品投资一样，如果邮识浅薄、操作不当，一样会存在风险。本章就是从邮票的投资价值及风险和如何投资进行介绍，使大家掌握邮票投资知识，正确进行邮票投资理财，取得较高收益。

2010-3M《上海世博园》四连体小型张（2010年1月21日）

第一节　邮票投资收益与风险

一、邮票投资的价值

随着社会的发展和人民生活水平的提高，社会上各类投资项目很多，如房地产、股票、期货、债券、黄金、文物、字画、收藏品，等等。集邮者可根据邮票题材、发行量、市场价值等因素综合分析，进行邮票投资。20世纪末，所罗门兄弟投资银行研究显示，1907年至1990年，投资邮票的平均年收益率达10%。邮票位列世界四大投资品之列，年投资收益高于债券的9.6%，高于外汇的4.4%。

英国吉本斯邮票公司编制的英国珍贵邮票指数GB30显示，年邮票价格累计上扬了150%。在过去50年里，邮票价格有年均9.5%的增长率。而自2000年开始，该指数的表现优于伦敦富时股票指数（FTSE100）。《今日美国》在2005年的研究表明，邮票投资的升幅与纳斯达克股票指数的升幅相比也胜出一等。

2007年6月11日，有"债券大王"之称的美国富豪比尔·格罗斯在纽约拍卖了他收藏的200枚英国珍贵邮票，这些邮票是他1998年至2001年用250万美元在各地买到的，其中包括英国"黑便士"邮票。6年间，这200枚邮票的价格涨至910万美元。格罗斯惊奇地表示："这实在让人难以想象，近4倍的收益，比买股票还要出色。"事实上，许多精明的投资者早已将投资珍贵邮票作为实现资产保值、增值的手段，这其中不乏商界巨子、资本大鳄，如化工大亨杜邦家族、金融巨子罗斯彻尔特家族，以及股神巴菲特等。

邮票投资收益在中国实例也很多，如2003年发行的纪、特邮票小版张，从2003年到2015年这12年间，20多种小版张平均价格上涨15倍，2003-1《癸未年》小版张已涨幅24倍，2003-5《中国古桥——拱桥》小版张已涨幅30倍，2003-25《毛泽东同志诞生一百一十周年》小版张已涨幅20倍，等等。这些小版张邮票的投资收益率已赶上或超过2003年以来北京市房地产的收益率。

因此，邮票投资的收益具备其独有的投资价值，邮票投资是集邮当中的一项重要活动。

2003-1《癸未年》（小版张）（2003年1月5日）

二、邮票具有保值、增值功能

集邮是以收藏、鉴赏和研究邮票为主要内容的活动。邮票内容丰富，品种繁多，可根据邮票题材、发行量、市场价值等因素，决定邮票投资的题材和品种。那么，邮票为什么具有独特的保值、增值功能呢？

1. 邮票具有一次性印刷的特点，发行量固定，随着时间的推移，存世量渐少，故邮票增值

邮票的发行量是国家邮政部门根据邮政通信业务和社会需求来确定的。纪念邮票、特种邮票都是一次性印刷，限量发行，公布发行量后不能再加印。新邮票面世后，大量消耗于邮政通信及被集邮爱好者收藏沉淀。随着时间的推移，邮票的存世量、流通量都不断减少，邮票市场上便会出现供不应求，价格杠杆的作用推升邮票自身价格的上涨。由于各类邮票基本上都是纸质的，极易损毁，加上自然灾害、邮寄损坏等因素，使得有些珍贵邮票十分稀缺，造成邮票市场某些邮票价格升值幅度加大。如1980年2月15日发行的T46《庚申年》第一轮生肖猴票，由于发行量只有500万枚，约400万枚用于通

信贴票消耗掉,有约 50 万枚被国内及海外集邮者收藏,所以留下提供邮票市场交易的"猴票"就很少了,35 年后面值 8 分的 T46 猴票单枚价值达 1.2 万元,"金猴"邮票创造升值奇迹。

2. 日益增加的邮票收藏、投资者,奠定了邮票增值的基础

集邮就要收集邮票、投资邮票,邮票收藏是世界上参加人数最多的一种收藏爱好。在发达国家,集邮者约占总人口的 10%。如此众多的集邮者保证了邮票价格的稳定攀升。

我国的集邮爱好者队伍也十分庞大,虽然集邮形势一度出现滑坡,但是全国集邮联紧密围绕"建设社会主义文化强国"这一目标,开展健康和丰富多彩的集邮活动,大力弘扬主旋律,促进了集邮队伍的发展。2013 年 4 月全国集邮联召开"七大"时,全国集邮爱好者达 2000 万人,促使集

SB(26)2004《甲申年》小本票
(2004 年 1 月 5 日)(市场估价 130 元)

邮热在我国逐渐升温,邮票收藏和投资者日益增多。从集邮者占总人口的比例来看,我国邮票收藏和投资者的队伍还有很大的增长空间,而这一人数的增加会带动邮票价格的不断上升,这就为邮票增值奠定了基础。

3. 邮票是设计精美的艺术品,体积小,升值空间大,对投资者吸引力增加

中华人民共和国纪念、特种邮票,题材丰富、精心设计、印刷精美,让人眼花缭乱,爱不释手。尤其是系列邮票,题材好,有特色,图案新颖,深受邮票投资者的欢迎,如生肖邮票系列、木版年画邮票系列、古代名画邮票系列、航空航天邮票系列等。这些系列邮票包括邮票、大版张、小版张、小型张、小本票等品种,都是邮票投资者可选择的品种,增加了对投资者的吸引力,确保各类邮票的升值。尤其是 2001 年以后发行的大版张、小版张,设计精美,升值空间大,深受邮票投资者的欢迎。

三、邮票投资的风险

实践证明，从事邮票投资使投资者获得一定的或较高的收益，在社会上已形成共识，但是邮票投资与其他投资项目一样，由于缺乏必要的邮识和经验，又不了解邮票市场行情，或操作不当，会存在不同的风险。下面介绍六种邮票投资可能遇到的风险，请大家务必注意。

1. 购买假邮的风险

对于一般集邮者来说，因邮识浅薄，面对五花八门的伪品，极容易受

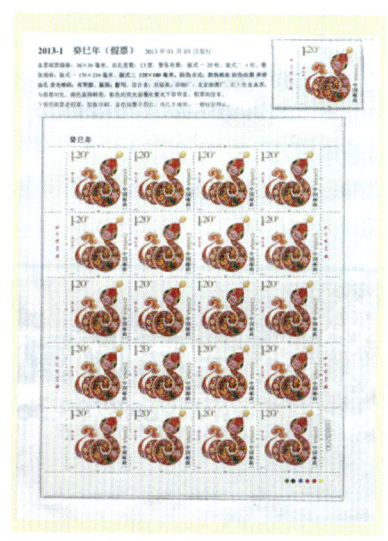

2013-1《癸巳年》特种邮票（2013年1月5日）
（右上角是真票，版票是假票）

骗。由于受利益的驱使，有些不法分子制作假邮票欺骗集邮者，使邮票投资者面临很大的投资风险。造假贩假主要表现为以下四种。

（1）热门邮票，制作假票：当有些受广大集邮爱好者喜爱的邮票发行后，因市场难买到，邮票价格升高，不法分子就制作假票，欺骗蒙害群众。如我国第三轮生肖邮票，其中猴大版票、龙大版票一度升值到每版过千元。有人就制作假版票，坑害邮识少的集邮者。通过识别版式就能分辨真伪，第三轮生肖版票真票是影写版，假票是胶版印刷。上图就是2013-1 蛇大版票的真伪对照。

（2）修、补、改邮票，蒙骗集邮者：中华人民共和国老纪、特邮票，J字、T字邮票升值空间逐渐增大，尤其每套邮票中的筋票，价格更高。不法分子利用盖销票、信销票进行修、补、改，修制成伪票，蒙骗集邮者，集邮者必须会识别，否则就会受骗。

（3）伪造邮票，欺骗群众：利用一些高档邮票，如解放区邮票、"文革"邮票的图片、彩色邮票图案、纪念张样票等剪下来，冒充珍邮，欺骗群众。只要与真票对照，一目了然，请大家认真检查。

（4）整封、整箱邮品，更要慎重鉴别：在邮市交易过程中，未拆包装的整封小型张和整箱邮资封片通常交易价格会更高些，升值速度也更快。不

法分子就利用这个特点，把原整封的小型张或整箱的邮资封片取走，换上白纸、卡片等冒充邮品，伪造成原包装，牟取不义之财。如果不了解整封的特点，不认真检验，必然会造成投资的严重损失。100枚小型张为一整封。如果购买10封，价格不菲。如果是假整封小型张，则损失惨重。所以，购买整封、整箱邮品时，必须拆箱检验。

2. 邮票损坏的风险

集邮者收藏的邮票及各类集邮品多数属于纸制品，而且集邮票品和邮票投资者对邮票的品相要求特别高，对一些高档邮票及珍邮的品相要求就更高。一枚邮票品相的好坏，直接影响到邮票的价格高低。所以，这就要求集邮者和邮票投资者要很好地保存好邮票，使邮票品相最佳。那么如何保护好邮票，不让其受损呢？

（1）邮票、小型张、小版张、大版张、小本票等邮票都要放在专用邮票册内收藏。邮票、小型张可放在定位册及集邮册中；小版张、大版张可放在小版张定位册及小版、大版集邮册中保存；小本票可放小本票册中收藏。

（2）珍贵邮票、小型张不要用手摸，应用邮票镊子夹邮票，每枚邮票要套上护邮袋，然后装在集邮册内收藏。

（3）集邮册、邮票定位册存放时要立放，避免邮票受压，每年要翻看两次，防止受潮、霉变、虫蛀等。

（4）购买邮票、小型张、小版票、大版票、小本票时，应认真检查邮票品相，包括：图案清晰，齿孔整齐，背胶均匀，邮票正反面无损坏，大、小版面整齐，无拆印、倒角。只有认真检查，妥善保管，才能保护好邮票。

（5）购买单枚票、盖销票、信销票也要认真检查邮票品相、邮戳，确保邮票真品、旧票邮戳清晰，以便收藏。

3. 邮票政策变化的风险

中华人民共和国邮票的价格是受邮票一级市场（中国邮政、邮票公司）和邮票二级市场（邮票市场）调节而变化的。与黄金、股票、债券等投资品种一样，邮票投资同样会受到国家政策的变化影响而产生风险。如不同的时期，邮票再版，新邮发行量的调整，邮票市场的变化，都会给邮票投资者带来投资风险。

（1）老纪、特邮票的再版对中华人民共和国成立初期邮票价格的影响：中华人民共和国老纪、特原版邮票受到集邮者的喜爱，而且邮票价位很高。由于种种原

2016-1《丙申年》特种邮票
（2016年1月5日）

因，1955年又再版发行一部分老纪、特邮票，使邮票价格发生变化。这就是邮票政策的变化，如果投资邮票，肯定会受到影响。

（2）初期编年邮票增加发行量，造成邮票打折：20世纪90年代，受社会上集邮热的影响，自1992年编年邮票开始，国家邮政部门增加新邮发行量，使得新邮发行过剩，造成大批新邮打折。如果投资邮票，必然承担风险。

（3）邮票市场行情变化对投资者影响极大：中国邮市1991年及1997年先后两次出现邮市邮票价格上涨热潮，邮票和邮品遭到爆炒后价格暴涨。国家邮政部门为了抑制这种恶意炒作，相继出台了各种措施来调控邮票市场。所以邮市的行情变化对邮票投资者来说，也会产生极大的影响。

4. 邮票炒作的风险

新邮题材好、印制精美，深受广大集邮者和群众的喜爱，而邮票发行部门又控制销售，造成紧缺。新邮刚发行，在邮票市场就遭炒作。与股市相同，邮市也有坐庄炒作现象，价格也会有涨有跌。如2016年1月5日发行的2016-1《丙申年》第四轮生肖邮票，受到广大集邮者和群众的欢迎，面值38.40元的猴大版票，一个月被炒到800多元一版。所以说，邮票价格在短时期内被炒得很高，不明真相的投资者追涨杀跌，最后很可能被高位套牢，随后若行情下跌，投资者的资金就会遭到极大损失。希望邮票投资者购买邮票品种时一定慎重，不要紧追炒作邮品。

5. 邮票被骗的风险

集邮者在集邮专卖店、邮票公司等邮票一级市场预订或购买邮票是有质

量保障的，但是在邮票市场或地摊游商中购买邮品一定要慎重，在邮票交易中欺诈现象时有出现。有的邮商因负债较多，凭借以前交易的"信誉"，借口与他人合作投资，然后将他人的钱财、票品卷走，从邮票市场上突然"失踪"，被骗者损失惨重。

近些年，随着电子盘、网络交易的发展，网络邮票交易开始活跃，有些人乘网站管理不严，收取网友的购邮款，不邮寄邮品；有的讲"先货后款"，收到寄来的邮品却不汇款。以上实例时有发生，请投资者慎重。

邮票投资固然收益可观，门槛也并不太高，但依然存在很多风险，投资者必须掌握邮票行情，认真选择交易邮商，只有这样才能获得收益。

文6《毛主席与世界人民》（1967年10月1日）

《全国山河一片红》（撤销发行）
（1968年11月25日）
（市场估价110万元）

纪94《梅兰芳舞台艺术》（无齿票）（1962年9月1日）
（市场估价5.5万元）

6. 邮票被盗抢的风险

北京、上海、天津等城市都有邮票市场，目前邮市仍然是个自由交易的场所，人多却管理不严。由于邮票交易还是实物交易，所以现金和邮票均可能有被盗抢的风险。邮票投资者和邮商都要提高警惕，尤其在交易中看管好自己的财物。近几年，我国曾发生过几次邮市抢盗邮品及邮商送货被抢事件。因此，我们必须提高警惕，防止盗抢事件发生。

第二节 如何投资邮票

一、邮票投资的品种

集邮或投资邮票应从哪里入手？收集新票还是收集盖销票？收集小型张还是收集小版张？要不要收集首日封？等等。目前集邮品种繁多，五花八门，琳琅满目。下面介绍几种收集邮票的品种，仅供参考。

1. 集藏新票

未使用过的邮票称为新票，集藏新票是最普通的收集邮票的方式。可以在新邮发行日购买，也可以按年预订邮票，每年年底可以购买年册收藏。购买数量可根据个人经济状况决定。新邮最好按年收藏，年册便于转让。新票应按套收藏，单枚散票价值不高（个别筋票除外）。同样，新票价格高于旧票。

注意：新邮连票不能撕开，否则影响价格，如2016-5《高逸图》就是3枚连印的一幅古代名画邮票。

2016-5《高逸图》（连票）（2016年4月2日）

2. 集藏四方连邮票

四枚邮票连在一起称为四方连邮票。收集四方连邮票必须每套、每枚邮票都是四方连，而且边饰方向一致。整版邮票左上角的四方连价值最高，如1998-19《承德普宁寺和维尔茨堡宫》，是中国和德国联合发行的第2枚左上角四方连的邮票。

四方连邮票分四方连新票、四方连盖销票、四方连信销票 3 种，如 T162《杜鹃花》特种邮票第 3 枚四方连信销票。收集四方连信销票难度很大。

3. 收藏小版张邮票

中华人民共和国纪念、特种邮票印制的版式自 2001 年开始分为版式一为整版票，版式二为小版票。小版票一般印制 10 枚左右邮票。由于版票幅小、设计精美、发行量少、升值空间大，深受广大集邮者，特别是邮票投资者的欢迎，如 2004-16《奥运会从雅典到北京》的版式二（小版张），4 套共 8 枚

1998-19《承德普宁寺和维尔茨堡宫》（2-2）
（1998 年 8 月 20 日）（四方连邮票）

T162《杜鹃花》（1991 年 6 月 25 日）
（第 3 枚四方连信销票）

2011-21《中国远洋运输》（2011 年 8 月 8 日）（双连信销票）

邮票。2003年发行24种纪念、特种邮票，共发行24种小版张，平均价格上涨15倍，如2003-13《崆峒山》小版张最低价15元，最高价达380元，涨幅25倍；2003-8《鼓浪屿》小版张最低价12元，最高价达360元，涨幅30倍。所以可以看到，小版张的升值空间很大。

2004-16《奥运会从雅典到北京》
（2004年8月13日）（小版张）

4. 收藏整版张邮票

中华人民共和国纪念、特种邮票在2001年以前，整版票每版40枚以上邮票，普通邮票整版票80枚。

到2001年逐渐开始进行调整，有些邮票发行版式一（整版票）及版式二（小版票），而整版票也减少到每版30枚以下，版幅缩小，便于收藏。有一些经济条件好的集邮者及邮票投资者，开始投资整版邮票。其升值空间在5倍以上。自1980年发行第一轮生肖邮票开始，邮票投资者对生肖整版票开始关注。尤其是第

2004-1《甲申年》（2004年1月5日）（整版票）

三轮生肖邮票,"猴""虎""龙"整版票涨幅在50倍以上。如2004-1《甲申年》猴大版,每版24枚,面值19.20元,到2015年猴大版增值到1200元,涨幅62倍。每个品种的整版票涨幅不一样,邮票投资者应了解市场行情,认真分析,选择好品种,只有这样才能获得高收益。

5. 收藏投资小型张、小全张

中国邮政每年为重点邮票发行1～2枚小型张,而小型张是邮票的精华,票幅较大,印制精美,发行量少,升值空间大,

纪94M《梅兰芳舞台艺术》(小型张)
(1962年9月15日)(市场估价16万元)

是集邮者和邮票投资者收藏、投资的重点,如1962年9月发行的纪94M《梅兰芳舞台艺术》小型张面值3元,现市场价达16万元,是中华人民共和国小型张中的精品。J字、T字票的小型张也有许多精品,像T41《从小爱科学》9000元、T28《奔马》3000元,J25《全国科学大会》小全张3000元,T29《工艺美术》1800元,T89《中国绘画·唐·簪花仕女图》1000元,升值空间都很大。虽然1992年以后编年邮票小型张升值幅度没有J字、T字票小型张那么大,但都高于面值5倍以上。如果了解市场行情,选择好小型张品种,整封交易也能取得较好的收益。

纪33《中国古代科学家》(第一组)
(1955年8月25日)(盖销票)

6. 收藏盖销票、信销票

在新邮票上,用邮票公司持备的邮戳盖销称为盖销票。盖销票是邮票公司为青少年及初集邮者准备的廉价邮票。其特点为新票、有背胶、邮戳清晰、只盖邮票一角,售价是

邮票面值的三分之一左右。盖销票在20世纪50年代和60年代广泛被集邮者收集，现在发行的新邮已很难见到盖销票了，如1955年8月发行的纪33《中国古代科学家》（第一组）的盖销票。同一品种的整套盖销票价格低于新票，高于信销票。

新票通过贴信邮寄，精心清洗后的邮票称为信销票，俗称旧票。其特点是通过贴信邮寄，品相差，邮戳盖得较乱、不规范，除首日封外，收集全套信销票较困难。收集信销票花钱不多，但一套邮票的高面值旧票难以收集。

T82《西厢记》（1983年2月21日）
（信销票）

到邮票市场去买，价格也不便宜。过去的套票都有一枚筋票（发行量少），收集困难，价格较高。收集信销票，邮票上的邮戳越小越好，而且邮戳要清晰，便于研究邮史时使用，如左图T82《西厢记》邮票的信销票。收集盖销票、信销票也是集邮中的乐趣，全套的盖销票、信销票也有一定的价值。"文革"前集邮者主要收藏信销票，之后随着集邮的发展，大家开始收藏新票。

7. 收藏首日封、纪念封、邮资封片等邮品

除各类邮票外，封、片等集邮品的收藏种类也很多。可根据集邮者个人的爱好和经济条件，选择几种集邮品收藏，最好每种都能各自成为一个完整的体系。

（1）封类：有首日封、纪念封、原地封、极限封、签字封、镶嵌封、迎春封、丝织封、中外联合发行封、普通邮资封、纪念邮资封、美术邮资封、礼仪邮资封、邮资标签封等。

（2）片类：有极限明信片、普通邮资明信片、纪念邮资明信片、特种邮资明信片、风光邮资明信片、贺年邮资明信片、贺年（有奖）明信片、专用邮资明信片、双邮资明信片等。

注：各类封、片品种繁多，中国集邮总公司及各省市邮票公司都发行邮品。集邮者一般以收藏中国集邮总公司发行的集邮品为主。

二、收集邮票的方式

1. 年度新邮预订及集邮专卖店零售邮票

收集邮票最基本的方式就是每年新邮预订及新邮首发日到集邮专卖店、邮票公司、邮局集邮门市部购买平价邮票。中华人民共和国成立后，邮票基本上是在邮政窗口销售。20世纪五六十年代，集邮的人很少，由于经济状况等原因，当时集邮爱好者主要收集信销票。"文革"期间，邮票公司停业了，集邮这项活动逐渐消沉了。改革开放后，我国集邮活动得到复苏，集邮队伍开始壮大。J字、T字系列邮票的发行受到集邮者的欢迎和喜爱，购买邮票

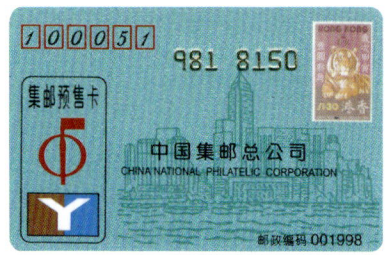

中国集邮总公司1998年发售的集邮预售卡

的人增多，有些邮票发行后一个月就销售一空。1981年开始，有些地方邮局为方便集邮者购买全年邮票，开始办理全年邮票预订证。随着1985年集邮热潮的兴起，北京、上海等市、区集邮协会成立，集邮者不断增加，新邮票价格不断增长，当时收集新票成为时尚，这就使邮票成为紧俏商品，办理新邮预订证的人越来越多。为此，中国集邮总公司开始发售预订纪念、特种邮票以及香港、澳门邮票的集邮预售卡。

作为邮票的投资渠道，投资者应关注邮票公司，对其出售的邮票及集邮

第六章 浅谈邮票投资

月坛邮市一隅

品进行比较和选择，不要盲目购买。由于邮票题材广泛，有些热门题材如每年生肖邮票、重大节日邮票等，中国集邮总公司和各省市邮票公司都会利用邮票开发制作多种集邮品，受到集邮者和社会人士的喜爱。随着热门邮票的升值，这些集邮品也有一定幅度的升值。

邮票公司和邮局集邮柜台出售的邮票、邮品，构成了邮票销售的一级市场。作为集邮者、邮票投资者，只有在邮票销售一级市场购买平价新邮，才能使收藏的邮票有升值空间。希望集邮者要预订新邮，首日购买平价新邮，才能有收益。

2. 到邮票市场调剂余缺

中华人民共和国邮票品种繁多，纪念、特种邮票自中华人民共和国成立

北京邮币卡市场

初期到现在，已经历了5个阶段，集邮者如果需要新发行的邮票，可以预订或到邮票公司购买。如果要追补以前发行的邮票、邮品或参加邮票投资，只能到邮票销售二级市场——邮票市场——进行邮票交易。20世纪80年代，北京、上海、天津等城市都创办了邮票交易市场，使广大集邮者、邮票投资者有了调剂余缺、进行邮票交易的场所。在邮票市场可以买到各个历史时期的邮票。90年代发行量多的邮票、邮品更是邮票成包、小型张成盒、邮资封片成箱。这些邮品成为保值增值的投资品，可以满足集邮者及社会上广大投资者的需求。邮市的出现方便了集邮爱好者及邮品投资者。

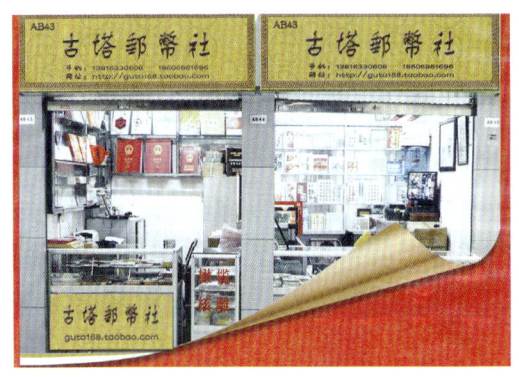

改造后的邮币卡市场商户

北京市集邮协会和西城区集邮协会于1988年5月22日在月坛公园创办了"北京月坛集邮市场"，它的诞生与发展促进了中国集邮事业的发展。受集邮市场改革大潮的影响，30年来北京月坛邮市经过7次搬迁易主，升级改造建成全新的国际化邮币卡市场。从月坛集邮市场、宜美嘉月坛邮币卡市场、万家马甸邮币卡市场到福丽特玩家邮币卡市场，北京成为全国最大的邮票市场。

目前，我国一些大中城市都有邮票市场。北京马甸邮币卡市场和上海卢工邮币卡交易市场分别是我国北方和南方最大的两家邮票市场，天津、武汉、成都、重庆、广州、杭州、西安、沈阳、石家庄等城市的邮票市场也都具有一定的规模。邮票市场的发展把收藏邮票、集邮品提高到了一个新阶段，方便了众多集邮者和投资者，使大家能够调剂余缺及进行邮票交易，促进了我国集邮事业的发展。

3. 函购邮票满足需求

现在集邮的人逐渐增多，对于离邮票公司、邮票市场比较远的集邮者，可以通过集邮报刊上的函购广告挑选需要的邮票、邮品。购买者通过邮局汇款，商家利用快递或挂号信寄发邮品称为函购。这是20世纪90年代至今的一种买卖邮票的方式。函购邮票的特点是方便、快捷、足不出户，选择好需要的邮品，汇款后便收到邮品，为广大集邮者提供了更多的选择机会。但是函购邮票也存在一些不足之处。邮票这种商品会因为邮票品相的不同，其价格相差很大。由于购买者没有看到邮票的品相，尤其是价格高的邮票，很容易发生纠纷。在此，提醒利用函购购买邮票的集邮者，选购函购邮票时一定要多方了解商户的信誉，可以函购一般邮票，预防发生纠纷。

对于经营函购邮票的商家，诚信及良好的口碑是很重要的经营要素。诚信是商家能够建立一个较大固定客户群的基础。

4. 网络邮购邮票，快捷方便

随着科学技术的飞跃发展，我国已进入互联网时代。当今电脑和网络的普及，各种网站已经成为人们了解信息、学习、购物交易的平台。时下，足不出户，只要点击鼠标，想买的物品就会由网站配送或快递公司送货上门了。

邮票也是如此。现在盛行网络集邮，很多邮票公司、中国集邮网上营业厅、邮商创办的收藏品经营公司，以及邮票市场经营邮票生意的商户，都建立了集邮网站，有的还搭建起邮票交易平台，供邮友交流邮品。

目前，我国网络注册经营邮票网店的商户已达几万户，相对于在邮票市场坐摊经营的邮商，网络邮商注册更加容易。邮友在集邮交易的网站上注册并填写必要的表格，将网站审查所需的个人真实资料邮寄给网站，经过网站审查通过后，交纳少量费用，就可以开网店了。

购买者在网上注册后，足不出户，就可以在网上查询最新的全国邮市行情。在比较几家网店销售的价格后，可以在网上跟帖与网商洽谈，也可以按照网商留下的电话联系，商谈好邮票的价格和品相等级后，就可给网商汇款，网商发来邮票、邮品，验收成功，交易完成。

网络邮购是当前收集邮票的一种新方式，受到广大集邮者、投资者的欢迎，使我们能方便快捷地选购邮票。

5. 珍贵邮票拍卖竞购

有实力的邮票投资者想收购珍贵邮票应光顾拍卖会，参加邮票竞拍。邮票拍卖市场从20世纪90年代以来，在北京、上海等大城市出现了专门从事邮票拍卖业务的拍卖公司，有的大型拍卖公司设立邮票、钱币部，如中国嘉德国际拍卖有限公司、太平洋国际拍卖有限公司等。

较为珍贵的邮票大多是在拍卖会上通过竞拍获得。因为能上拍的邮票大部分是中上档次的邮票，一般邮票不会上拍卖会。珍贵邮票保值、增值的潜力非常大，而在拍卖会上竞购珍邮是一种稳健的投资方法。我国早期邮票如老纪、特及"文"字邮票、小型张等都有一定的投资价值，只要有信心和长期的投资目的参与竞拍，获利的机会总会有的。

第三节 掌握邮票价格变化的因素

作为一名邮票投资者,掌握邮票价格的变化很重要。邮票价格的定位具有很多不确定的影响因素,各种邮票价格的形成也比较复杂,邮票价格随着社会的需求和集邮文化的发展及投资者的增长而不断变动。影响邮票价格的因素有以下几个方面。

一、邮票发行量、存世量、需求量对邮票市场价格的影响

1. 邮票的发行量直接影响到邮票与集藏的供求关系

一般来讲,邮票发行量越少,市场价格越高;邮票发行量越多,市场价格越低,甚至低于面值,变为打折票。中华人民共和国邮票在20世纪80年代发行的"J""T"阶段纪念、特种邮票的发行量一般在1000万套。1991年由于出现了邮市狂潮,国家邮政部门从1992年发行编年邮票阶段开始,为满足市场需求,增加新邮发行量,平均每套邮票发行量达5000万套,第二轮生肖邮票1993-1《癸酉年—鸡》鸡票发行量高达25062万套,创历史发行量纪录。编年小型张每种发行量也高达3000万枚。由于邮票发行量大幅度增加,导致了新发行的邮票长期打折,邮票市场长期处于低迷状态。为了解决新邮打折问题,中国邮政自2000年开始逐渐减少新邮发行量,尤其自2003年开始,新邮发行量控制在1000万套以下,并增加小版票,使邮票市场价格逐渐回升,打折票在减少,邮票市场出现新机。

2. 邮票存世量对邮票价格的影响

综上所述,我们看到邮票的发行量无疑对邮票价格有着重要的影响,但是我们发现,有不少发行量很多的邮票在市场上的价格仍然很高,甚至大大超过了某些发行量较少的邮票,其主要原因是这些邮票的存世量少。某套邮票发行量减去通信邮寄消耗及自然损耗后的数量称为邮票存世量。许多集邮

者都知道，一般珍邮存世量都相当少，如清代珍邮大龙邮票、红印花小字当壹圆、解放区邮票"稿"字四方连等都是存世量少的珍邮，有的珍邮还是孤品。另外，我国的"文"字邮票发行于"文革"这一特殊历史时期，邮票发行量在 1000 万枚至 5000 万枚，因通信消耗大，"文革"期间集邮停顿，导致新票留存下来的不多，使"文"字邮票市场价格不菲。

3.邮票需求量也是邮票升值的因素

T46《庚申年》

邮票的需求量也直接影响着邮票的市场价格。生肖邮票是大家比较喜欢的题材，我国自 1980 年发行 T46《庚申年》第一轮第 1 枚猴票以来，到 2016 年已发行四轮生肖邮票。《庚申年》"金猴"发行量不足 500 万枚，面值 8 分，2016 年市场价格高达 1.2 万元，升值 15 万倍。而同时期发行邮票的发行量也为 500 万枚，可市场价格及升幅都远远逊于"金猴"。其中一个重要的原因就是，"金猴"是我国发行的第一轮首枚生肖邮票，也就是龙头票。系列邮票的收藏特点就是收藏全，随着生肖邮票一轮一轮地面世，收藏生肖邮票升温，所以"金猴"的需求量也持续增大，价格自然是水涨船高，不断升值。因此，需求量大也是邮票升值的因素。

二、邮票题材及设计、印刷水平对邮票市场价格的影响

邮票的题材以及设计、印刷质量对邮票市场价格也起着重要的作用。改革开放以来，中华人民共和国邮票设计精心，印刷精美，受到集邮者的欢迎。中国邮政发行的生肖系列、风景名山系列、古代名画系列、奥运系列、航空航天系列邮票等，受到人们的喜爱。这些系列邮票在选题上和艺术性、观赏性上具有独特的潜质，收集大全套后，具有投资价值和收藏价值。

我国于 1980 年开始举办全国最佳邮票评选活动，每年由全国集邮爱好者评出 1 套年度最佳邮票、2 套优秀邮票及优秀设计奖、印刷奖邮票。中选邮票的市场价格往往要高于同期发行的邮票。

2008 年，我国在北京举办第 29 届奥林匹克运动会。为此，中国邮政先后发行 10 套奥运题材邮票，这些邮票成为社会各界人士喜爱收藏的品种。由于奥运会是全世界的体育盛事，受到全世界人民的关注，奥运会系列邮票

必将有更大的市场需求，奥运会系列邮票的市场估价也不断攀升。因此，邮票题材对邮票市场价格有一定的影响。

三、"求全"的收藏观念对邮票市场价格的影响

求全是集邮者最普遍的心理。中华人民共和国成立已经70多年，国家邮政部门发行的邮票品种繁多，想要将已经发行的全部邮票收集齐全，显然是不可能的。但是，可以从近到远，按邮票发行阶段收集，如开始可以按年收藏编年邮票，逐步收集"J字、T字票大全""编号票大全""'文'字票大全""老纪、特大全"等。由于广大集邮者都怀有这种求全心理，必然会造成一个大全类的某些邮票存世量少而供不应求，使得存世量少的邮票价格提升幅度大。因此，邮票市场价格的升跌会受到复杂而微妙的社会群体心理因素的影响而变化。

国家邮政部门发行的邮票品种很多，系列邮票中的"第一套"则是集邮者竞相追捧的目标，如1987年5月20日发行的T116《敦煌壁画》(第一组)系列邮票共发行6组，1987年12月20日发行的T123《中国古典文学名著——〈水浒传〉》(第一组)、1988年11月25日发行的T131《中国古典文学名著——〈三国演义〉》(第一组)等系列邮票各发行5组。将这些系列邮票收集全是集邮者的追求，所以系列邮票第一组的市场价格均远远高于后几组。受求全心理的影响，系列邮票市场价格也会有变化。我国1980年发行的《童话——〈咕咚〉》第一本小本票，现市场价格达3000元；1982年发行的《纳米比亚日》第一枚纪念邮资封，现市场价格达800元；1984年发行的JP1《中国在第23届奥运会获金质奖章纪念》第一套纪念邮资片，现市场价格300元。这些第一套邮品的升值速度、幅度都令人瞠目。不难看到，"求全"、找"第一"这种收藏观念对邮票市场价格的影响也是很大的。

T116《敦煌壁画》(第一组)(系列邮票)
(1987年5月20日)

《全国山河一片红》（撤销发行）
（1968年11月25日）

文1《战无不胜的毛泽东思想万岁》（1967年4月20日）（四方连）

文10《毛主席最新指示》（1968年7月20日）
（"文革"精品邮票）（四方连）

1997-10GM《香港回归祖国》（金箔小型张）（1997年7月1日）

第七章

邮票投资的方法与技巧

在全面建成小康社会之际,我国人民生活富裕了,一个投资的大时代正向我们走来。集邮者如何进行邮票投资、对待邮票投资风险和了解邮票投资技巧是本章讲述的重点。

　　希望大家参与邮票投资,掌握邮票投资的方法与技术,获得较好的邮票投资收益。

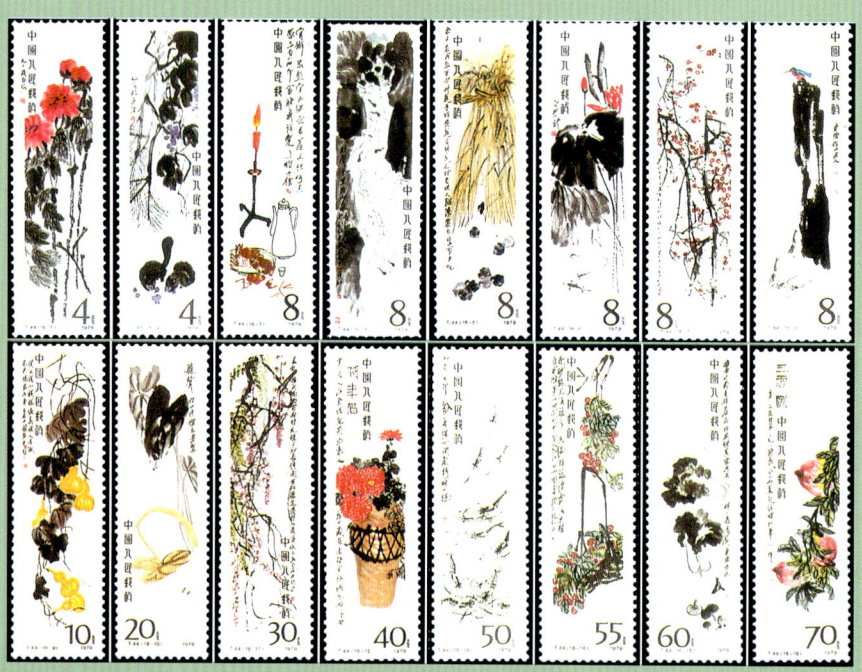

T44《齐白石作品选》
(1980年1月15日)(市场估价700元)

第一节 如何选择邮票投资

邮票和集邮品的题材广泛、品种繁多，作为邮票投资者，必须掌握邮识，了解市场行情，认真选择邮票投资品种。

一、选择本国邮票投资必有收益

集邮者一般都是从本国邮票开始集邮，收集本国邮票能使人们了解祖国的历史、地理、文化、自然风貌、乡土人情，激发爱国主义情感。本国邮票购买、交换、收藏都比较方便。从邮票投资角度来讲，邮票投资者选择本国邮票投资相对要比投资外国邮票风险小、效益高。其优势有以下两点。

1. 集邮队伍逐渐壮大，集邮事业前途无量

自20世纪90年代以来，我国"集邮热"带动了集邮事业的发展，现在我国集邮爱好者达2000万人以上，具有很大的增长潜力。在中华全国集邮联及各省市集邮协会的带领下，因地制宜开展集邮文化活动，促进了我国集邮事业持续、健康发展。集邮者、投资者的不断增加，促进了我国邮票一级、二级市场的发展，尤其是在"建设社会主义文化强国"这一目标推动下，全国许多邮票二级市场升级改造，提高硬件装备，利用电子盘、文交所邮币交易平台来指导、调整邮币市场行情。在这种环境下进行邮票投资交易，必将取得很好的收益。

2. 中国邮票品种类别多，便于选择投资

中国不同历史时期发行了清代邮票、中华民国邮票、解放区邮票、中华人民共和国邮票。尤其是

纪71《中华人民共和国成立十周年》（第五组）
（1959年10月1日）（市场估价2000元）

中华人民共和国邮票，题材丰富、品种繁多、印刷精美、类别广泛，邮票投资者挑选投资品种的空间很大。投资者可根据经济状况选择，有条件的可选择珍邮、老票、整版票等。虽然投资的价格高，但升值空间大。一般投资者可选择年册、小版票、系列邮票等，资金占用不多，交易较为方便。中华人民共和国邮票具有较好的设计，印制防伪水平、邮票质量日益提升，颇受人们的喜爱。随着我国人民生活水平的不断提高和收藏热的升温，集邮者、投资者对邮票的购买力会不断增强，投资本国邮票必有收益。

二、邮票投资可以"四小邮品"为投资重点

邮票中的"四小邮品"指小型张、小全张、小版张、小本票这四类邮品。"四小邮品"因设计精美、票幅小、发行量少、升值空间大而备受集邮爱好者的青睐，是邮票投资者重点选择的投资品种，也是邮票市场上交易活跃的邮品，能收到较高的投资收益。

1. 小型张是邮票市场的"风向标"

小型张单独发行或与相同主题的邮票一起发行，有独立的图案和面值印在票幅稍大的单张纸上，带有宽边，边上印有相关文字和装饰图案。

小型张票幅较大，画面视觉效果好，审美价值高。中华人民共和国发行的小型张都为重大题材或受人们喜爱的精品题材，如中国古典四大名著都发行了小型张。小型张面值高、发行量少，一般小型张的市场价格长期起到"风

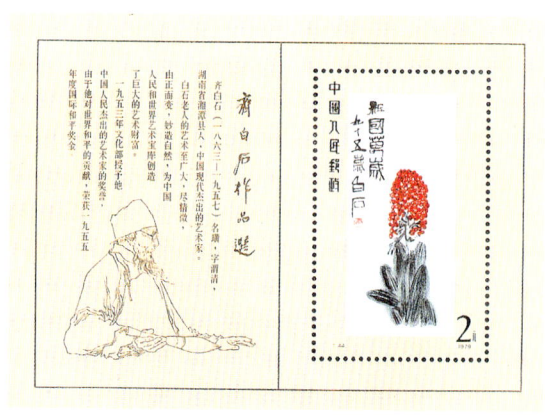

T44M《齐白石作品选》（小型张）
（1980年1月15日）（市场估价1800元）

向标"作用,备受各界关注。题材好、设计精美的小型张在市场上身价不菲,如 1980 年 1 月 15 日发行的 T44M《齐白石作品选》小型张,面值 2 元,现市场估价为 1800 元。

2. 小全张是邮票的精华

小全张是在发行某套邮票时,将该套邮票全部印在一张票幅稍大的单张纸上,四周带有装饰边或相关文字。小全张中的邮票图案、面值、枚数与原票完全相同,其外观形式与小型张相似。小全张售价一般大于全套邮票面值的 50%。小全张题材新颖、设计精美、发行量少,备受集邮爱好者的关注。如纪 86M《第 26 届世界乒乓球锦标赛》小全张,售价 2 元,现市场价 9000 元。

3. 小版张是邮票的精品

21 世纪初,小版张是国际上流行的新版式,它给收藏投资界注入了新内容。小版张是邮政部门在印制整版邮票外另行印制的,其邮票枚量比整版张少,一般在 10 枚左右。小版张四周留有较宽的边纸,边纸上印有相关的图案和文字。邮票的面值、票幅等与整版张邮票相同。小版张选题广泛、严谨,设计、印刷精美,发行量较少,售价按面值销售,为收藏投资者获利提

2003-2《杨柳青木版年画》
(小版张)(2003 年 1 月 25 日)
(市场估价 80 元)

2003-4《百合花》(小版张,全套共 4 版)
(2003 年 3 月 5 日)(市场估价 150 元)

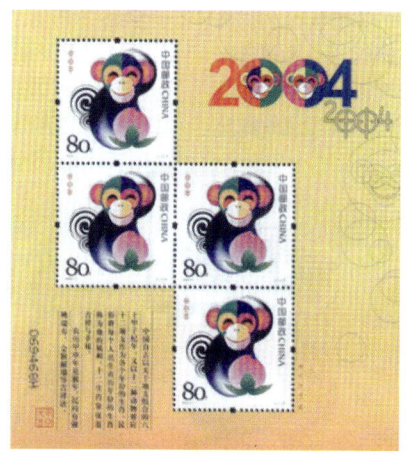

2004-1《甲申年》（版式三）（2004年5月）
（市场估价80元）

供了空间。如2003年1月25日发行的2003-2《杨柳青木版年画》小版张，面值8.80元，现市场估价80元；又如2003年3月5日发行的2003-4《百合花》小版张（全套4版），面值42元，现市场估价150元。在新邮预报中，整张称为"版式一"，小版张式称为"版式二"，第三轮、第四轮生肖邮票还发行有"版式三"，用于赠送全年邮票预订户（版式三为4枚邮票）。

4. 小本票是收藏邮票的新品种

邮政部门为方便购买、使用、携带，将一种或几种一定数量的邮票连印装订成小册子，配有封面和封底，内页除邮票外，还印有相关的图案和说明文字，称为小本票。我国于1980年9月20日发行了第一套小本票《童话——〈咕咚〉》，面值0.64元，现市场估价3000元。升值高的原因是发行量少，将T51《童话——〈咕咚〉》邮票撕下来进行交易的多，所以留下来的

SB（1）1980《童话——〈咕咚〉》
（1980年9月20日）（市场估价3000元）

小本票较少，故价值高。

小本票的制作工艺比较复杂，防伪性能好，造假比较困难，增加了人们投资小本票的兴趣。SB（1）1980《童话——〈咕咚〉》是我国第一套小本票，当时制作小本票的条件不成熟，故制作相对简陋。由于消耗大，留下来的《童话——〈咕咚〉》小本票少，市场价格相对较高，故有不同版本的伪品（主要是小本票封面、封底），投资者应引起注意。

三、系列邮票适于长线，狠抓"龙头"邮品

我国自20世纪80年代后开始发行系列邮票，系列邮票题材新颖、设计精美，还能增长知识，是集邮者收藏的重点，尤其是每种系列邮票的"龙头"。投资邮票要关注"第一"，就是要关注系列邮票的第一组。集邮者在求全心理的作用下，会寻找并收集此前发行的该系列的所有邮票，直到收集齐全，而"第一"往往是人们首选的目标。

系列票品中第一套的发行量一般相对比较小，等到收藏群体扩大后第一套票品的价格也随需求的增加而上涨。如生肖系列邮票，第一轮T46猴票，面值0.08元，现市场价1.2万元；第二轮1992-1猴票，面值0.70元，现市场价5.00元；第三轮2004-1猴票，面值0.80元，现市场价12元。

龙头票的升值空间较大。如中国古典文学"四大名著"系列邮票及小型张，T43《中国古典小说——西游记》邮票市场价480元；T69《红楼梦——金陵十二钗》邮票市场价350元，小型张市场价1300元；T123《中国古典文学名著——水浒传》及T131《中国古典文学名著——三国演义》的邮票市场价20元，小型张100元。因此，我们看到系列邮票、小型张的第一组，"龙头"票的价格均远远高于其后发行的同系列邮票和小型张的价格。有些投资者在邮票市场相对低迷时大胆投资这些系列邮票的"龙头"票品，随着邮票市场的升温，这些"龙头"票品的价格会呈现比较明显的升高。

第一轮、第二轮、第三轮生肖邮票的"龙头"票

系列邮票品种很多，投资者可以在古典名画题材、木版年画题材、奥运题材、名山题材、京剧题材、古代书法题材、航空航天题材、体育题材系列邮票中，挖掘出具有亮点的"龙头"或"第一"。

除邮票外，有许多集邮品"龙头"价格升涨很快。1980年第一届最佳评选纪念张"猴张"市场价2500元，第一枚《纳米比亚日》纪念邮资封市场价800元，第一套《中国在第23届奥运会获金质奖章纪念》纪念邮资片市场价300元，第一枚《哈尔滨风光》特种邮资片B组市场价200元，第一枚《中美建交二十周年》外交封市场价100元。所以，狠抓"龙头"票品，必然会有丰厚的收益。

四、选择投资方式，把握赢利机遇

投资者进入市场进行邮票投资，选择投资方式很重要。近年来，邮票市场虽然没有爆发过超大的行情，但许多邮品板块总体上呈现出稳步上涨的态势，许多投资者已成为行业中的大赢家。实践证明，不同行情有不同的特点，也有不同的赢利机会，要想成为赢家，就要把握住不同的赢利机会。邮市每一次行情都由一个或几个邮品板块带动，如果投资者能精准地选择投资品种的话，可以有效地防范市场风险，获得更大利润。比如2003年全年24种小版张，曾经是邮市中的"明星"，如果当时你不选择小版张投资，赢利机会就会与你"擦肩而过"；又比如，许多投资者看不上价格已经很高的《牡丹》小型张、《奔马》小型张、《荷花》小型张等经典品种，就只能是老邮行情中的观众。投资者要学会观察市场、分析行情、看好品种、把握机遇。

综上所述，不难看出，市场每次行情变化都带有非常典型的资金博弈性，资金绝不会在一个板块上进行简单的重复炒作，投资者想要每次都踩准行情的节拍，可以说是难上加难。其实，再精明的投资者也不可能做到每次行情都获得很大的利润，这其中既有视角的问题，也有思维的问题。

投资者可分职业投资者和业余投资者。一般来讲，职业投资者在信息、时间、资金、视野、技巧等方面有着明显的优势，在行情中占据主动性，赢利机会要远远多于业余投资者，但这也并不意味着专业投资者每次都能获利。而业余投资者并不需要考虑这么多的因素，这就等于放下沉重的包袱轻装上阵，发挥的余地就更大些，最后也会获得较好的收益。

邮票经营者可以定义为职业投资者，但他们之间的经营方式也是大不相同的。有的选择单一品种，靠赚取微薄的差价以数量取胜，这种模式具有风险小、安全性高的特点。有的职业投资者则选择复合性投资方式，采取多品种投资，这种方式具有资金周转慢、风险相对较大的特点，但赢利较多。所以，选择不同投资方式，把握市场赢利机会，对每个投资者都是很重要的。

第二节 理性投资，保持良好心态

在我国邮票史中，不同历史时期有许多经典邮票创出过奇迹，如清代大龙邮票、解放区的"稿"字四方连、中华人民共和国T46《庚申年》猴票。我国邮市创造出来的投资神话继续在演绎着。投资邮市，每个人的想法不同，有人喜欢借着发行热点炒作新邮，有人喜欢购买发行期后价格稳定的票品，有人喜欢投资珍邮。对于投资者来讲，不管投资什么邮品，最终目的是要选准，要获得收益。

经过邮市三次潮涨潮落，大家投资邮票的行为也日趋理性。北京月坛邮市已创建30多年了，在长期严酷的现实和环境中，培养了一批理智的投资者。因此，对于投资者来讲，保持良好的投资心态和理性投资很重要。

一、认清投资风险，保持良好投资心态

作为邮票、邮品投资者，在选择投资品种之前，必须熟悉各种邮票和邮品的发行和销售方式、市场行情变化，掌握邮票基本知识，尤其对邮票版式、防伪有所了解，学会必要的分析和鉴别邮票的技能，只有这样才能降低投资风险。否则，盲目投资邮票可能会轻易上当受骗，造成经济损失。

投资邮票也会有风险。其一，是选择票品的风险。需要了解发行计划和市场价格变化规律，懂得鉴别邮票真伪，选对投资邮票的品种，只有这样才能有收益。其二，投资者必须牢记在邮票交易中的买假风险、毁损风险、政策风险、炒作风险、被骗风险、盗抢风险等六大风险，尤其是刚进入邮票市场的投资者，更应注意。

作为邮品投资者，面对众多的投资风险，必须要有一个良好的投资心态，不然很容易导致投资失败。良好的投资心态不是天生具备的，是在市场涨跌的洗礼与多次投资胜败的经历中磨炼出来的。有的投资者获得收益就骄傲，受到挫折就气馁；有的投资者盲目追涨杀跌，或在投资中带有赌博的心理，这些都是不可取的，都是没有良好投资心态的表现。只要认清

投资风险，保持良好的投资心态，长线投资和短线投资相结合，一定会有收获。

二、理性投资，快乐投资

邮票是一种有价票证，是一种特殊商品。邮票的价格受国家政策、题材、发行量等诸多因素的影响，在不同时期有所变化。在邮票市场高潮的顶峰时，邮票价格最高，但其中有很多的水分和炒作的泡沫，不能代表其真实的价值，如果在这个时期跟风投资邮票，风险就相对较大；在邮票市场低迷时，邮票价格相对较低，其中不理性的水分和邮市炒作的泡沫已经被挤干了，此时的投资风险最低。理性的投资者应该对邮票本身的价值有所认识。投资邮票时应该树立理性的投资观念，把握大势，逢低吸纳具有增值前景的邮品，避免追涨杀跌、跟风炒作。了解市场变化，掌握邮票市场行情，认真分析、选择投资品种，理性投资才能得到较好的收益。

快乐投资的理念在收藏界比较盛行。本着快乐投资的想法，投资者在投资邮票的过程中就能保持良好的投资心态，提高从容应对各种风险的能力。

邮票从发行价格到市场价格的行情波动影响着邮市投资者的心态。邮票市场行情上涨，获利的投资者心情舒畅；邮票市场行情下跌，所购邮票被套牢，投资者便会心情沮丧。这时，投资者就应保持良好的心态，面对现实。投资的过程是一种能力的表现，但这个过程却充满着曲折。投资者应该超越自我，从这个复杂和磨难的过程中解脱出来，认清形势，享受投资的快乐。

在邮品投资中，要看清投资大形势，不要被每天市场行情的波动和变化影响投资情绪，必须保持冷静，控制自己的情绪，心平气和地去应对。作为一名邮品投资者，在投资前要对市场的风险有一定的认识和承受能力，不要因为有少量亏损就沮丧，对邮品投资要看重整体的效益，不要对低点的买进价格和高点的卖出价格斤斤计较。快乐投资是投资成功的最高境界，如果投资者能够充分享受投资的全过程，投资就能获得成功。

三、邮票投资忌"赌"戒"贪"

1. 邮品投资要忌"赌"

邮票市场行情变化莫测，有涨有跌，投资者必须要忌"赌"。经常去邮市的人常听说邮市像赌场，邮票风险和成功各半。实际上不对。投资者认真学习，掌握邮市行情及规律，选择好投资品种，把握住最佳投资时机，就可以把投资风险降到最低。忌"赌"就是投资邮品不要带有随意性，不要不分品种、不分时机地盲目投资。邮品投资是要有准备的，是有方式和方法的，不能毫无目标地买邮品。那些不去做市场和投资品种研究，不管市场千变万化的形势，放任自流地随意投资，最终是要失败的，损失会是惨重的。对于投资者来讲，应保持理智的心态。

2. 邮品投资要戒"贪"

当邮品价格小涨、邮市走向高潮时，投资者更应该保持理智，邮品投资要戒"贪"，不能贪多、贪大，否则后悔莫及。

投资者大多数都是用闲钱来投资邮品，投资时要有风险意识。当邮票市场行情上涨挣了几笔钱后，就会想着如果能投入更多资金就能获得更大的收益，这时就会将全部积蓄拿出来投资挣钱。如果再有利润进账，很可能就会开始向亲戚、朋友借款去投资，不知不觉中风险逐渐增加。实践证明，借款贪大利润者可能在邮票下跌一点时就已经开始将原来少量资金挣的全部利润赔进去；那么市场价格再次下跌，就可能造成亏损，甚至产生巨大的债务。高点贪多、借款贪大是投资者的通病，也是最终导致较大亏损的主要原因。

邮票市场人气旺盛时，要保持理智。投资者应严格遵守"亏得起多少投资多少"的原则，使用闲钱来投资邮品，不要动用生活费用，不要挪用主要事业的本钱，更不要借贷资金炒作邮票。否则，有了投资压力和心理负担，就很容易造成投资的失败。

投资邮票、邮品，无论任何品种，只要克服赌性和贪性，就离成功不远了。投资者调整好心态，理性投资必有收益。

特51《支持英雄的古巴》（1962年7月10日）（市场估价2000元）

第三节 邮票投资的技巧

投资邮票品种："文革"票、生肖票 生肖整版张（版式一）、赠送张（版式三）

根据我国邮票市场30多年的发展规律及投资者的投资经验，可以总结出邮票市场投资的有效办法。投资者通过学习、实践、收获、教训、总结经验，掌握适合自己的投资方法，运用不同的投资技巧获得较好的投资收益。

下面具体介绍邮票投资者应具备的三个条件和七种邮票投资方式。

一、邮票投资者应具备的三个条件

邮票投资者若想获取收益，必须掌握投资的三个必备条件。

1. 准备

在选择投资品种前，应全面了解邮票市场状况及市场邮品行情，要学习各种邮票、邮品知识，充实自己。尤其对想要投资的邮票和邮品，更要有所了解，如邮票的题材、类别、发行量、存世量、历史最高价位及对此邮票的评价等，要进行认真的研究，做到心中有数，必要时可以请教专业人士。

那么，什么样的邮票、邮品才是有升值潜力及可能获高利的投资品种呢？有经验的投资者总结了以下几点。

（1）题材好。实践证明，选题好、设计精美、众人喜欢的邮票，自然问世后购买、收藏的人较多，其需求量很大；受发行量的限制，升值前景必然可观。比如，2016年1月5日中国邮政发行第四轮生肖邮票第一套《丙申年》猴票，由黄永玉设计，全套2枚，面值2.40元。大版票16枚，面值38.40元。由于生肖邮票是人们非常喜爱的题材，又由名师设计，《丙申年》邮票一面世，其价格便"一飞冲天""扶摇直上"，一路攀升。2016-1猴票发行当天，大版票就在300元左右开盘，套票在8元开盘；到1月中旬，大版票市场价达到700元，套票达12元；到1月下旬，随着礼品册的上市，价格回落在所难免，但出人意料的是，猴大版在900元的关口短暂盘桓后，竟然升到1100元价位。受此影响，市场大版张零售价格高达1300元。到2016年4月，《丙

T82《西厢记》（1983年2月21日）
（市场估价180元）

申年》大版票基本上在800元左右，小版票在160元左右，小本票在65元左右，零散套票在20元左右。因此，题材好、众人喜欢，升值前景必然可观。

（2）发行量少。受政策影响，不同时期邮票的发行量有所不同，发行量少、存世量少的邮票，其升值空间就大。物以稀为贵，邮票也不例外。如2003年发行的小版张就属于发行量少的邮票品种。因当时中国邮政在政企分开的前夜，肩负着扭转集邮困局的使命，是邮政在非常时期打造的非常板块，使小版张走进中国邮票史。中国邮政首次将2003年全年发行的24套纪念、特种邮票除整版票外，都发行了小版张，发行量极少，起到龙头邮品效应。小版张设计精美、售价低，为投资者获利提供了空间。目前，这24种小版张市场价格平均上涨15倍。如2003-5《中国古桥——拱桥》小版张最低价25元，现市场价达500元，涨幅20倍；2003-2《杨柳青木版年画》小版张最低价9元，现市场价达80元，涨幅近9倍。

（3）比价效益高。比价就是比较票品的价格。比价效益高就是在各种邮品中以题材好、数量少、价格低的综合标准进行比较选择，最终选出相对升值幅度高的票品。现在邮票市场票品越来越多，价格也有高有低，最终涨幅靠前的是综合指标在前的品种。从中华人民共和国邮票来看，老纪、特邮票，"文"字邮票，J字、T字票的精品及小型张的比价效益高，升值空间大。

只要投资者在邮票投资中认真分析市场行情的特点，综合行情发生时的

热点题材，选择比价被低估的邮品投资，必将赢得可观的投资收益。

2. 机遇

投资者要了解及把握住难得一遇的邮票投资获利的时机。邮市与股市相似，各类邮品价格受种种因素影响有所变化，投资者必须有所了解。获利的机遇有大有小，有如期而至的，也有突然而来的。实践证明，多数机遇是可遇不可求的，更甚者有的机遇是千载难逢的。如2007年邮票市场2003年小版张热潮，2008年奥运题材邮票的升值，2010年一轮、二轮、三轮生肖系列邮票价格大幅上涨等，这些都是机遇，投资者把握住机遇就会有收获。

众多投资领域里的成功人士，几乎都是把握住了人生中难得的机遇，获得了巨大的投资收益。然而，并不是每个人都有把握住机会的能力，在投资市场上，机遇永远是留给那些有准备的人的，这一点很重要。

3. 资金

邮品投资者应有充足的资金购买想投资的票品。如果投资者做好了投资前的准备，在邮票市场把握机遇并合理运用资金购买到你所投资的票品，这就是你在投资道路上走出了关键的第一步。

在此提醒投资者，邮品投资应根据自己的经济状况决定数量，要忌"赌"戒"贪"。如果你做好了投资邮品的知识和心理上的准备，投资的机会也遇到了，那就当机立断地去购买想要买的邮品，时间成熟，必有收益。

二、七种邮票投资方式

邮票投资方式很多，投资者可以根据实际情况选择性地进行操作。通过实践，总结出以下七种常用的邮票投资方式，仅供参考。

1. 一捂到底式

这种方式使用得比较广泛。投资者在市场行情上涨初期买进邮品，在行情涨幅到上线时，将邮品出售。这种方式只在行情初期和后期各进行一次交易，适合做中长线的投资。这种方式要求选择投资邮品要慎重，充分掌握其价格变化规律，可以在市场外观察行情变化。这种方式的优点是一般能够获得较大的利润，缺点是投资时间较长，短期资金不能按此方式投资。

2. 三三投资式

这种方式适用于有充裕时间经常到邮市的投资者。三分法投资邮品,即把资金分成三份,分别对邮品进行长线、中线、短线投资。在进行中长线投资已相对降低投资风险后,比较善于冒险的投资者可以使用少部分资金进行短线投资,这种方式风险高但收益也高。

3. 分期买进式

投资者可把资金分成几份,比如三份或四份,对某一种邮品进行投资,可以在行情启动之前的底部区域先投入一份资金买进。如果行情未上涨,另外几份资金可选择其他邮品投资;如果出现上涨行情,可在行情中间分期再买进两份至三份,待判断价格到达顶部并开始下跌时,或在最后投入的那份资金开始出现亏损时,就将几次买进的所有邮品全部售出。这种"分期买进式"适合中长线邮品投资,可以确保投资获利。当然,资金分的份数不宜过多,以免操作过于频繁影响投资者的思维,以致失去对大势的判断和对行情的把握。

4. 分期卖出式

当投资者了解了邮品市场行情趋势,看好某品种行情即将启动,就将准备好的资金全部投入某一种邮品,买进后等着上涨行情的到来。邮品上涨一个波段后,就卖出一部分;再上涨,再卖出一部分;当价格开始下跌时,也卖出一部分;反弹时也卖出,再下跌就再卖出,直到把投入的邮品全部卖出为止。这种"分期卖出式"是很多投资者在中长线投资行情中经常使用的投资方式,这种方式虽然不能全部卖到高点上,但是能确保投资的收益,基本上不会亏本。

5. 快进快出式

投资者看好某个邮品即将上涨或正在行情上涨中间,可马上快速买进,在市场行情还在上涨阶段中或有下跌征兆时,就立即卖出。这是一种短线投资法,这种投资方式适合在邮市长期操作的投资者。其特点是时间短、收益快、风险大。

6. 相反投资法

投资者以邮票市场的人气来判断买进和卖出的时机。大家都知道，在市场人气最低迷的时期，一般邮市交易异常冷淡，大部分邮品处在低价位中，邮商无生意可做，有经验的投资者认为这正是选中投资品种、低价买入、做长线投资的时机。只要投资者能慢慢地耐心等待市场复苏，再经过行情启动或上升阶段，待行情最火爆时卖出，必然能够获得较大的利润。相反投资法的特点是市场低迷投入、行情上升卖出、获利大；缺点是占用资金、周期长。

7. 底部摊薄式

在市场行情下跌过程中，有些投资者经常进行抢反弹、抄大底的操作，但是可能在操作中，邮品价格又会继续下跌。这时，投资者可以考虑采取将资金分成几份，下跌一段就买进一份的底部摊薄操作方式。这样可以将投资成本降低，待市场价格上涨后再抛出，可以尽快挽回损失直到获得收益。

总之，市场邮品投资方式很多，投资者可以根据自己的投资理念在邮品投资操作中不断探索，总结经验，归纳出适合自己的并能够获得更大利润的投资方式。

纪88《中国共产党成立四十周年》
（1961年7月1日）（市场估价4000元）

第四节　精心挑选邮品，谨防交易骗术

一、如何购买邮票

集邮者、投资者喜欢集邮就要收集邮票。购买邮票、邮品很有学问，因为邮票、邮品的种类很多，初集邮者要先选择几个品种慢慢尝试，不要盲目地购买各种邮品。邮票投资者盲目地进入邮市投资，往往从一开始就注定了最后的失败。掌握交易规则，就会向获利的目标迈进。

1. 到集邮专卖店、邮票公司购买新邮

集邮者、投资者收集中国邮票必须购买新发行的邮票，此时首先要选择到全国各地集邮专卖店或邮票公司购买。要想买到"面值票"，最基本的方式就是办理每年"新邮预订证"，凭证随时取票，每年还能获得生肖邮票赠送版。比较喜欢的题材可在新邮发行首日到邮票公司、集邮专卖店、邮局购买平价邮票。

T69《红楼梦——金陵十二钗》（全套12枚）
（1981年11月20日）（市场估价350元）

2. 调剂余缺，可到邮票市场选择购买邮票

随着我国集邮事业持续、健康发展，邮票销售二级市场——邮票交易市场——在稳定地发展。全国各地邮市上的邮票经营商 2 万余户，经营的业务品种区别很大，商户素质也不尽相同。到邮市购买邮品，选择购买很重要。集邮者、投资者要从邮商那儿购买邮品，应选择信誉好的商户。另外，还要看该商户的经营范围及品种，邮商是否有丰富的邮识。注意选择那些经营范围相对比较固定、邮识丰富的邮商。因为邮市商户摊位面积不大，故商户经营品种比较集中，如有的专门经营老纪、特和"文"字、编号邮票，有的专门经营小版票，有的专门批销打折票，有的专门经营各种封片等。这些邮商熟悉自己经营的领域，票源比较可靠。如果要调剂余缺，进行邮品交易，便可以和那些信誉好、从事相关票品经营的邮商交易，交易多了也可以交朋友了，这样他们可以及时提供邮品信息，并推荐合适的投资品种。

3. 购买邮品要货比三家多问价

购买任何邮票、邮品必须了解当时的市场行情，可以通过上网及在每月市场行情报纸上查询价格，也可以到市场找经营商了解行情。根据商户的进货价格、存货数量及销售方式的不同，同样一种邮品会给出不同的价格，有时价格相差还很大。一般规律是邮品存量较大的，邮商销售价就低；存货量少，售价就会高。邮品随着市场行情的变化会有所调整，这就需要投资者到邮市多询价，到网上多查询，避免买到价格过高的邮品。在此提醒投资者，购买邮品或转让邮品一定要货比三家，多问问才能买到价格相对低的邮品。

4. 购买邮票、邮品要精心挑选

集邮者购买邮票，投资者投资不同时期的邮票、邮品，都要对相关知识有所了解，要仔细研究，掌握所购邮票、邮品的特征，避免买到假邮票、假邮品。

在邮票公司、邮局集邮专柜购买的邮票和邮品，一般不存在真伪问题。只需要仔细检查购买的邮票是否撕坏、缺角、短齿，邮品是否受污、戳角、缺页，年册、礼品册插入的邮票是否损坏、缺票、插错等问题。

在邮票市场购买的邮票、邮品，除注意以上问题外，还要树立辨别邮票真伪和检验货品的观念。购买票品，必须精心挑选，识别真伪，防止受骗。

5. 邮票投资者要善于学习，多交邮友

购买邮票、邮品必须掌握一定的邮识，要善于学习，了解当前邮票市场行情的变化特征，投资者要认真挑选投资品种，不能盲目跟风投资邮品。经常进行邮票交易和邮品投资的邮友，可以在交易和交流过程中与集邮家、邮友、信得过的邮商交朋友。这样就有机会多见识到一些好邮品，也会学习到许多有益的邮品投资知识及邮票辨伪方法，长期交流就会见多识广，积累投资经验，这对购买和投资邮品是非常有利的。

二、在邮票交易中谨防骗术

集邮者、邮品投资者参与邮品投资，要有风险意识。邮票、邮品投资是一项比较复杂的交易活动，最重要的是要有识别邮票的邮识，能识别真伪，这样在邮票投资中就不会被欺骗。要了解邮票交易中的种种骗术，把防骗的预防工作做好。

1."以假充真""以少充多""以次充好"的欺骗手段

（1）"以假充真"。交易中把假邮票当成真邮票出售。在市场中比较常见的是用价值较高及热门邮票印刷赝品蒙骗邮识低的集邮者；有的利用印刷品上的邮票图案进行修补变造伪品。尤其整封的小型张，利用拆封价低的想法，制作整封白纸，边涂颜色，蒙骗投资者。这就需要投资者学习一些邮票辨伪知识，具备一定的辨伪能力，购买邮票时认真检查，只有这样才能减少损失。

一般直接卖假邮票的多为流动邮商，他们利用投资者不懂邮识或贪图便宜的心理，兜售假邮品，发现问题再找他时已无影无踪了。在邮市购买邮品，要在固定摊位购买。购买整封或整箱邮品时必须拆箱验货。

（2）"以少充多"。在交易中，尤其是整封或整箱的邮品，有些别有用

2011-1《辛卯年》（赠送版）
（2011年1月5日）（市场估价30元）

心的人利用投资者不拆包装验货的心理，将原封包装拆开拿出少量邮品后，再按原样封好后当原包装邮品出售。投资者购买整封或整箱邮品时必须当面拆封验货核对数量，避免损失。

（3）"以次充好"。有极个别商户将品相不好的邮票经过修补后，按好品相邮票价格出售，以获得更多的利益。有的将老纪、特盖销票的邮戳刮掉，冒充新票出售；有的把戳角或毛边的小型张裁切后按品相好的价格出售；尤其是早期的信销票，经过修补、填充残缺及破损来提高信销票的品相，提高其售价。总之，集邮者、邮票投资者购买邮票时必须擦亮眼睛，认真检查，防止损失。

2. 利用代存邮品做空或利用存款做多

邮商在经营中有时帮助投资者保管邮品，邮商可能利用这些邮品在比较高的价位卖出，然后在下跌价位较低时购回补充卖出的邮品，以为自己获取差价利润。同样，有时邮商利用投资者的存款，低价买入邮品高价卖出，为自己获取升值利润。

邮商的上述行为是不可取的。如果邮商的投资行为与市场价格走势相反，势必要受到损失。如果及时中止，则损失较少，邮商还可以补偿；而一旦损失严重，邮商可能也赔偿不起，那么投资者也将受到连带损失，应予注意。

3. 利用期货做空或做多，受损后卷款逃跑

这种案例在市场中也发生过。邮票市场有自发的期货交易，期货是只交纳保证金可加几倍做放大交易的一种形式。如果与投资者交易的对方，在期货交易中失误，并且损失的资金较多，那么，对方可能会逃离市场。无法与投资者进行交割，投资者的收益将得不到，有时可能连保证金也拿不回来，投资者肯定会受到严重损失。

4. 网上交易中的收款不发货或收货不付款

随着网络技术的发展及普及，网络邮商大量出现，邮票市场的商户几乎全部都可以进行网上交易。全国各地有些没有进邮市固定摊位的邮商也在网上开设网站，使得邮品交易更加容易、方便。投资者在网上购买或出售邮品时必须提高警惕，应找规模大、信誉好、服务好的网店购买或出售邮品，防

止在网上交易中出现收款不发货或收货不付款的现象，防止别有用心的人利用网络进行诈骗活动。由于在网上注册网店相对比较容易，有个别人提供虚假的信息注册，然后在网上出售所谓珍贵邮品或大量的紧俏邮品，收到集邮者、投资者的款项后，不及时发货就销声匿迹了。

要提醒广大集邮者、邮品投资者，在网上交易邮品时要注意选择网店，要选择规模大、信誉好、服务好的，比如中国邮政集邮网、集邮报刊服务部等。在不熟悉的网站交易时，可先做几笔小的邮品交易，待到熟悉后根据其信息再考虑做一些量大的邮品交易。

文10《毛主席最新指示》（1968年7月20日）

第八章

典型邮票市场行情趋势简介

时代在发展,社会在前进,在改革开放、市场经济的今天,我们正处在一个投资的时代。在"建设社会主义文化强国"这一目标的推动下,我国集邮事业持续、健康地发展,集邮队伍不断壮大。对于收藏者来讲,邮票投资是一个明智的选择。本章选择几种典型邮票,经市场调研,就其市场行情趋势作一个简单分析,供邮票投资者参考。

编号邮票1—6《革命现代京剧〈智取威虎山〉》
(1970年8月1日)(市场估价1500元)

第一节　中国人民邮政纪念、特种邮票前四个板块收益分析

中国人民邮政纪念、特种邮票分为五个板块:"纪"字头纪念邮票,"特"字头特种邮票;"文"字邮票;编号邮票;"J"字头纪念邮票,"T"字头特种邮票;编年邮票。

纪71《中华人民共和国成立
　　十周年》（第五组）
　（1959年10月1日）
　（市场估价2000元）

特59《熊猫》（1963年8月5日）（市场估价1000元）

文7《毛主席诗词》（第1枚）
　（1967年10月1日）
　（全套市场估价2.5万元）

编号邮票95《中国出口商品交易会》
　（1973年10月15日）
　（市场估价200元）

J2《中华人民共和国成立二十五周年》（第一组）
　（1974年10月1日）（市场估价350元）

T58《辛酉年》（鸡票）
　（1981年1月5日）
　（市场估价200元）

现参考1992年市场邮票价格对中国人民邮政前四个板块发行的纪念、特种邮票价格进行分析。

表8-1　"纪"字头纪念邮票、"特"字头特种邮票的整体价格与收益表

价格（元）\年份\类别	1992年	1997年	2011年	2015年	收益倍数
"纪""特"邮票	1.2万	11万	60万	50万	41.6倍

表8-2　"文"字邮票的整体价格与收益表

价格（元）\年份\类别	1992年	1997年	2011年	2015年	收益倍数
"文"字邮票	0.4万	5万	20万	18万	45倍

表8-3　编号邮票的整体价格与收益表

价格（元）\年份\类别	1992年	1997年	2011年	2015年	收益倍数
编号邮票	400	0.7万	3万	2.3万	57.5倍

表8-4　"J"字头纪念邮票、"T"字头特种邮票的整体价格与收益表

价格（元）\年份\类别	1992年	1997年	2011年	2015年	收益倍数
"J"字、"T"字邮票	0.3万	3万	9万	7.4万	24.6倍

从表8-1、表8-2、表8-3、表8-4可以看出，截至2015年底，中国人民邮政前四个板块邮票总收益约有24~57倍的涨幅。

综上所述，通过对中国人民邮政前四个板块邮票整体价格的分析，发行日期早、题材好、发行量小的纪念、特种邮票增值空间大。邮票市场经过三次（1991年、1994年、2011年）价格高峰的涨跌，市场行情虽有调整，但对长线邮票投资，总体来讲会有很好的收益。

第二节 T46《庚申年》邮票收益分析

一、"金猴"创造的升值奇迹

1980年2月15日,T46《庚申年》金猴特种邮票面世,这是我国发行的第一枚生肖邮票,也是第一轮生肖邮票的第一枚。

20世纪80年代初,我国集邮事业刚刚复苏,集邮人数不多,因猴票是影雕套印版印刷,印刷技术复杂,难度大,所以猴票发行量只有500万枚。当时大部分猴票在邮政窗口出售,全国邮局卖了半年多才售完。由于当时大家没有对邮票进行投资的概念,所以收藏的人较少。该票绝大多数用于通信贴票消耗掉了,真正将其作为收藏品的人并不多。据抽样调查推断,当年发行的500万枚中,约有400万枚在通信领域贴用消耗掉,其余100万枚约有50%被海外集邮者收藏,约有30%被国内资深集邮者收藏,另外有近

T46《庚申年》(猴票)
(1980年2月15日)

5%在国家和省一级国家集邮票品经营部门储存,能提供邮市交易的T46猴票非常稀少。因此,现存世下来的"金猴"邮票非常珍贵。

表8-5 T46《庚申年》猴票整体价格表

年份	市场价	年份	市场价	年份	市场价
1980年	0.08元	1997年	1100.00元	2011年	1万元
1983年	0.40元	1999年	1500.00元	2012年1月	1.2万元
1985年	3.00元	2001年	1600.00元	2012年12月	1.15万元
1986年	8.00元	2003年	1250.00元	2013年1月	1.2万元
1988年	30.00元	2005年	1700.00元	2013年10月	1.25万元
1990年	100.00元	2007年	3200.00元	2014年1月	1.2万元
1991年3月	150.00元	2008年	4000.00元	2014年7月	1.12万元
1991年8月	250.00元	2009年	5000.00元	2014年12月	1.2万元
1995年	300.00元	2010年	8500.00元	2018年	1.2万元

表 8-6 T46《庚申年》猴票 38 年间增长倍数

年份	金额	增长倍数
1980 年	0.08 元	
1983 年	0.4 元	5 倍
1985 年	3 元	37.5 倍
1990 年	100 元	1250 倍
1995 年	300 元	3750 倍
1997 年	1100 元	13750 倍
1999 年	1500 元	18750 倍
2003 年	1250 元	15625 倍
2005 年	1700 元	21250 倍
2007 年	3200 元	37500 倍
2009 年	5000 元	62500 倍
2011 年	1 万元	125000 倍
2012 年	1.15 万元	143750 倍
2014 年	1.2 万元	150000 倍
2018 年	1.2 万元	150000 倍

二、"金猴"典型邮票收益分析

1980 年 2 月 15 日发行的 T46《庚申年》特种邮票是我国邮票中增值最高的票品之一，具有较高的收藏价值。从表 8-6 可以看出，38 年来猴票从 8 分增值到 1.2 万元，其主要原因有以下四点。

（1）发行量少，面值低，消耗量大，存世量小。

（2）T46《庚申年》是我国生肖系列邮票的龙头票，收藏生肖系列邮票缺一不可。

（3）设计美观，印刷精致。猴票由黄永玉创作、邵柏林设计、姜伟杰雕刻。采用红底墨图，热烈活泼，用影写版和雕刻凹版套印，"金猴"呈现一种立体感，栩栩如生，堪称一绝。

（4）具有浓重的传统文化色彩。作为我国第一套生肖邮票，《庚申年》猴票非常符合中国人的风俗和心理。现在集邮者基本上都收藏生肖邮票，人人都喜欢生肖邮票，越是后来的集邮者，越是希望追补猴票，导致第一轮猴票成为筋票。从表 8-6 猴票 38 年增长倍数可以看出，T46 猴票今后还有升值空间。

第三节 第三轮生肖邮票收益分析

我国从 1980 年 2 月 15 日发行第一枚《庚申年》生肖猴票开始，生肖邮票受到广大集邮者、邮票投资者、学者、专家的关注。生肖邮票是以生肖属相和生肖文字图案为主题的邮票，这是我国传统民俗文化的继承和发展。我国 1980 年至 1991 年发行第一轮生肖邮票，从 T46《庚申年》猴票开始一套一枚，整版 80 枚，第一轮生肖邮票共 12 枚。从 T58《辛酉年》鸡票开始发行生肖小本票，第一轮生肖小本票共 11 本。1992 年至 2003 年，发行第二轮生肖邮票，一套 2 枚。一枚生肖属相图案，一枚生肖文字图案。整版 32 枚，第二轮生肖邮票共 24 枚。2004 年至 2015 年发行第三轮生肖邮票，一套 1 枚，第三轮生肖票共 12 枚，整版，猴、鸡 24 枚，其余整版 20 枚，小版 6 枚，赠送版 4 枚及小本票。

2004-1《甲申年》（猴） 2005-1《乙酉年》（鸡） 2006-1《丙戌年》（狗） 2007-1《丁亥年》（猪）

2008-1《戊子年》（鼠） 2009-1《己丑年》（牛） 2010-1《庚寅年》（虎） 2011-1《辛卯年》（兔）

2012-1《壬辰年》（龙） 2013-1《癸巳年》（蛇） 2014-1《甲午年》（马） 2015-1《乙未年》（羊）

第三轮生肖邮票（2004 年 1 月 5 日—2015 年 1 月 5 日）

中国邮政总结了发行第二轮生肖邮票的经验及教训，在发行第三轮生肖邮票时对邮票设计、发行量、印刷品种等方面进行了调整。2004年1月5日第三轮《甲申年》猴票一面世就受到了广大集邮者、投资者的欢迎。许多品种如整版票、小版票、赠送版、小本票的价格节节攀升。

一、第三轮生肖邮票概况

（1）邮票一套一枚。

面值：猴、鸡、狗票0.80元，其余均为1.20元；邮票规格：36mm×36mm；版别：影写版。

（2）票品种类。

1）整版票：猴、鸡每版24枚，其余20枚；整版规格：猴、鸡180mm×240mm，其余为180mm×210mm。

2）小版票：每版6枚；规格：128mm×180mm。

3）赠送版：每版4枚；规格：120mm×130mm。

4）小本票：每本10枚邮票；规格：121mm×88mm。

（3）从表8-7可以全面了解第三轮生肖邮票各票品概况。

表8-7 第三轮生肖邮票各票品简介

类别 志号　　价格	整版票			小版票			赠送版			小本票		
	面值/枚	枚数	售价	面值/枚	枚数	售价	面值/枚	枚数	售价	面值/枚	枚数	售价
2004-1 甲申年（猴）	0.8元	24	19.20元	0.8元	6	4.80元	0.8元	4	0.8元	10	8.00元
2005-1 乙酉年（鸡）	0.8元	24	19.20元	0.8元	6	4.80元	0.8元	4	0.8元	10	8.00元
2006-1 丙戌年（狗）	0.8元	20	16.00元	0.8元	6	4.80元	0.8元	4	0.8元	10	8.00元
2007-1 丁亥年（猪）	1.20元	20	24.00元	1.20元	6	7.20元	1.20元	4	1.20元	10	12.00元
2008-1 戊子年（鼠）	1.20元	20	24.00元	1.20元	6	7.20元	1.20元	4	1.20元	10	12.00元
2009-1 己丑年（牛）	1.20元	20	24.00元	1.20元	6	7.20元	1.20元	4	1.20元	10	12.00元
2010-1 庚寅年（虎）	1.20元	20	24.00元	1.20元	6	7.20元	1.20元	4	1.20元	10	12.00元
2011-1 辛卯年（兔）	1.20元	20	24.00元	1.20元	6	7.20元	1.20元	4	1.20元	10	12.00元
2012-1 壬辰年（龙）	1.20元	20	24.00元	1.20元	6	7.20元	1.20元	4	1.20元	10	12.00元
2013-1 癸巳年（蛇）	1.20元	20	24.00元	1.20元	6	7.20元	1.20元	4	1.20元	10	12.00元
2014-1 甲午年（马）	1.20元	20	24.00元	1.20元	6	7.20元	1.20元	4	1.20元	10	12.00元
2015-1 乙未年（羊）	1.20元	20	24.00元	1.20元	6	7.20元	1.20元	4	1.20元	10	12.00元

注：赠送版是赠送每年纪念、特种邮票预订户。

第八章 典型邮票市场行情趋势简介

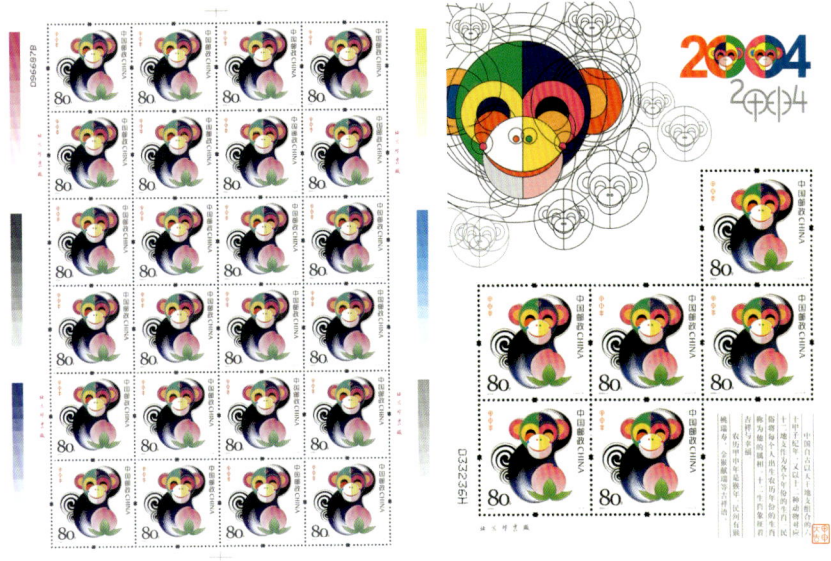

2004-1《甲申年》(猴)(整版票)　　2004-1《甲申年》(猴)(小版票)

2004-1《甲申年》(猴)(赠送版)

《甲申年》（小本票封面）

SB（26）2004《甲申年》（猴）（小本票）

二、第三轮生肖邮票几个品种的收益情况

2004年至2015年，中国邮政第三轮生肖邮票的发行增加了广大集邮爱好者收藏生肖邮票的浓厚兴趣，使我国生肖邮票进入高潮，从而使第三轮生肖邮票价格年年攀升，使其邮票收益率大幅度上升，现将第三轮生肖邮票几个品种的收益情况提供给大家作为参考。

表 8-8 第三轮生肖邮票整版票收益表

邮票志号	面 值	2012 年	2013 年	2014 年	2015 年	增长倍数
2004-1 猴	19.20 元	700.00 元	850.00 元	1100.00 元	1200.00 元	62 倍
2005-1 鸡	19.20 元	210.00 元	260.00 元	350.00 元	500.00 元	25 倍
2006-1 狗	16.00 元	100.00 元	160.00 元	300.00 元	450.00 元	28 倍
2007-1 猪	24.00 元	120.00 元	135.00 元	300.00 元	480.00 元	20 倍
2008-1 鼠	24.00 元	185.00 元	290.00 元	550.00 元	500.00 元	20 倍
2009-1 牛	24.00 元	220.00 元	290.00 元	480.00 元	600.00 元	25 倍
2010-1 虎	24.00 元	185.00 元	360.00 元	1000.00 元	1300.00 元	54 倍
2011-1 兔	24.00 元	100.00 元	135.00 元	280.00 元	480.00 元	20 倍
2012-1 龙	24.00 元	410.00 元	480.00 元	750.00 元	1600.00 元	66 倍
2013-1 蛇	24.00 元		160.00 元	230.00 元	500.00 元	25 倍
2014-1 马	24.00 元			250.00 元	300.00 元	12 倍
2015-1 羊	24.00 元				270.00 元	11 倍

表 8-9 第三轮生肖邮票小版票收益表

邮票志号	面 值	2012 年	2013 年	2014 年	2015 年	增长倍数
2004-1 猴	4.80 元	260.00 元	350.00 元	380.00 元	600.00 元	120 倍
2005-1 鸡	4.80 元	80.00 元	85.00 元	135.00 元	300.00 元	60 倍
2006-1 狗	4.80 元	38.00 元	48.00 元	85.00 元	250.00 元	50 倍
2007-1 猪	7.20 元	40.00 元	50.00 元	85.00 元	180.00 元	25 倍
2008-1 鼠	7.20 元	50.00 元	58.00 元	90.00 元	150.00 元	21 倍
2009-1 牛	7.20 元	60.00 元	80.00 元	145.00 元	270.00 元	38 倍
2010-1 虎	7.20 元	45.00 元	60.00 元	110.00 元	230.00 元	32 倍
2011-1 兔	7.20 元	35.00 元	60.00 元	105.00 元	150.00 元	21 倍
2012-1 龙	7.20 元	145.00 元	125.00 元	180.00 元	280.00 元	40 倍
2013-1 蛇	7.20 元		55.00 元	70.00 元	120.00 元	17 倍
2014-1 马	7.20 元			80.00 元	110.00 元	15 倍
2015-1 羊	7.20 元				90.00 元	12 倍

表 8-10 第三轮生肖邮票赠送版收益表

邮票志号	面 值	2012 年	2013 年	2014 年	2015 年	增长倍数
2004-1 猴	3.20 元	100.00 元	110.00 元	200.00 元	200.00 元	66 倍
2005-1 鸡	3.20 元	35.00 元	45.00 元	75.00 元	110.00 元	36 倍
2006-1 狗	3.20 元	50.00 元	75.00 元	210.00 元	270.00 元	90 倍
2007-1 猪	4.80 元	25.00 元	30.00 元	65.00 元	200.00 元	40 倍
2008-1 鼠	4.80 元	25.00 元	30.00 元	45.00 元	140.00 元	28 倍
2009-1 牛	4.80 元	30.00 元	35.00 元	55.00 元	100.00 元	20 倍
2010-1 虎	4.80 元	25.00 元	30.00 元	60.00 元	80.00 元	16 倍
2011-1 兔	4.80 元	16.00 元	20.00 元	48.00 元	90.00 元	18 倍
2012-1 龙	4.80 元	45.00 元	35.00 元	60.00 元	110.00 元	22 倍
2013-1 蛇	4.80 元		20.00 元	35.00 元	70.00 元	14 倍
2014-1 马	4.80 元			30.00 元	55.00 元	11 倍
2015-1 羊	4.80 元					

表 8-11 第三轮生肖单枚邮票收益表

邮票志号	面 值	2012 年	2013 年	2014 年	2015 年
2004-1 猴	0.80 元	10.00 元	12.00 元	12.00 元	12.00 元
2005-1 鸡	0.80 元	5.00 元	6.00 元	5.50 元	6.00 元
2006-1 狗	0.80 元	4.00 元	5.00 元	4.00 元	5.00 元
2007-1 猪	1.20 元	3.00 元	4.00 元	4.50 元	5.00 元
2008-1 鼠	1.20 元	5.00 元	5.00 元	5.00 元	6.00 元
2009-1 牛	1.20 元	4.00 元	5.00 元	5.00 元	5.00 元
2010-1 虎	1.20 元	3.00 元	5.00 元	5.00 元	5.00 元
2011-1 兔	1.20 元	3.00 元	4.00 元	4.00 元	4.00 元
2012-1 龙	1.20 元	15.00 元	12.00 元	6.00 元	6.00 元
2013-1 蛇	1.20 元		4.00 元	4.00 元	3.00 元
2014-1 马	1.20 元			3.00 元	4.00 元
2015-1 羊	1.20 元				3.00 元

表 8-12 第三轮生肖邮票小本票收益表

小本票志号	面 值	2012 年	2013 年	2014 年	2015 年	增长倍数
SB（26）2004 猴	8.00 元	70.00 元	80.00 元	110.00 元	150.00 元	18 倍
SB（28）2005 鸡	8.00 元	40.00 元	45.00 元	58.00 元	80.00 元	10 倍
SB（30）2006 狗	8.00 元	30.00 元	35.00 元	45.00 元	80.00 元	10 倍
SB（31）2007 猪	12.00 元	25.00 元	30.00 元	55.00 元	100.00 元	8 倍
SB（34）2008 鼠	12.00 元	35.00 元	50.00 元	65.00 元	165.00 元	13 倍
SB（36）2009 牛	12.00 元	30.00 元	35.00 元	45.00 元	75.00 元	6.5 倍
SB（39）2010 虎	12.00 元	22.00 元	27.00 元	45.00 元	60.00 元	5 倍
SB（42）2011 兔	12.00 元	20.00 元	25.00 元	30.00 元	50.00 元	4 倍
SB（45）2012 龙	12.00 元	85.00 元	48.00 元	50.00 元	95.00 元	8 倍
SB（48）2013 蛇	12.00 元		30.00 元	25.00 元	45.00 元	3.5 倍
SB（50）2014 马	12.00 元			20.00 元	45.00 元	3.5 倍
SB（52）2015 羊	12.00 元				32.00 元	2.5 倍

第三轮生肖邮票发行整版票、小版票、赠送版、小本票四种票品，从表 8-8、表 8-9、表 8-10、表 8-11、表 8-12 中可以全面了解第三轮生肖邮票各票品 2012 年至 2015 年的收益情况。

（1）整版票：猴大版、虎大版、龙大版升值空间较大，猴大版增长 62 倍，龙大版增长 66 倍。

（2）小版票：猴小版、鸡小版、狗小版、龙小版收益高。猴小版增长 120 倍。

（3）赠送版：猴、鸡、狗、猪赠送版收益高。狗赠送版增长 90 倍。

（4）小本票：猴、鸡、鼠、牛、龙小本票收益高。猴小本票增长 18 倍。

第三轮生肖邮票色彩缤纷，生动时尚，造型新颖，久睹不厌，市场走势强，升值空间大，深受邮人喜爱。

第三轮生肖整版票、小版票、赠送版、小本票这四类票品各有千秋，12年来收益飞速递增，猴大版已增长 62 倍，猴小版已增长 120 倍，狗赠送版已增长 90 倍，猴小本票已增长 18 倍。其他生肖票也都有不同程度的增长，具有一定的升值空间，其发展趋势会更好。

附：第四轮生肖邮票

应广大集邮者的要求，中国邮政于 2016 年 1 月 5 日开始发行我国第四轮生肖邮票。

2016-1《丙申年》特种邮票

1）邮票 1 套 2 枚，面值 2.40 元，版别：胶雕套印。
2）整版张（版式一）16 枚（2 版）。
3）小版张（版式二）6 枚（3 套）。
4）赠送版（版式三）4 枚（2 套）。
5）SB（53）2016 小本票 10 枚（5 套）。

邮票设计者：黄永玉

小本票设计者：王虎鸣

2016-1《丙申年》特种邮票（诗配票）
（2016 年 1 月 5 日）

SB（53）2016《丙申年》（2016 年 1 月 5 日）（小本票"内页"5 套共 10 枚邮票）

2017-1《丁酉年》特种邮票

1）邮票1套2枚，面值2.40元，版别：胶雕套印。
2）整版张（版式一）16枚（2版）。
3）小版张（版式二）6枚（3套）。
4）赠送版（版式三）4枚（2套）。
5）SB（54）2017小本票10枚（5套）。
邮票设计者：韩美林
小本票设计者：王虎鸣

2017-1《丁酉年》特种邮票
（2017年1月5日）

2018-1《戊戌年》特种邮票

2018-1《戊戌年》特种邮票
（2018年1月5日）

1）邮票1套2枚，面值2.40元，版别：胶雕套印。
2）整版张（版式一）16枚（2版）。
3）小版张（版式二）6枚（3套）。
4）赠送版（版式三）4枚（2套）。
5）SB(55)2018小本票10枚（5套）。
邮票设计者：周令钊
小本票设计者：王虎鸣

SB（55）2018《戊戌年》（2018年1月5日）（小本票"内页"5套共10枚邮票）

三、小结

通过典型邮票市场行情趋势分析，使集邮者、邮票投资者了解邮票投资升值概况，可以增加邮票投资的信心。邮票、集邮品投资的奇迹时有发生。如有一位香港居民，1980年5月在内地用192元人民币购买了30版T46猴票，17年后，1997年以9万元一版卖了30版猴票，最后收益270万元人民币。在香港回归之际，用此资金在香港开办了一家店铺。这是一件令人振奋的邮票投资案例。

邮票投资理财获得较好收益的例子还有很多，如想获得较好收益，关键是要关注各类邮票品种、选题、发行量以及市场行情趋势。实践证明，邮票投资并非专属于富豪，而是一项适合大众参与投资的项目。邮票的投资门槛、风险度相对不高，投资数额量力而行，可多可少，尤其对集邮者来说可以尝试一下，这样做能拓宽视野、获得快乐，更能获得比金钱更重要的人生财富。

特 59《熊猫》（1963 年 8 月 5 日）

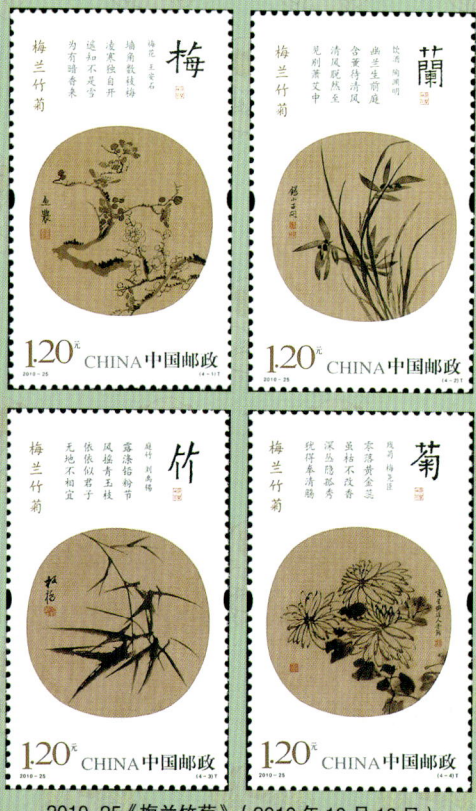

2010-25《梅兰竹菊》(2010年10月18日)

图书在版编目（CIP）数据

邮票鉴赏投资指南 / 岳宗武主编. — 南京：江苏凤凰文艺出版社，2021.4
ISBN 978-7-5594-5383-9

Ⅰ.①邮… Ⅱ.①岳… Ⅲ.①邮票 – 鉴赏 – 中国 – 指南 ②邮票 – 投资 – 中国 – 指南 Ⅳ.① G262.2-62

中国版本图书馆 CIP 数据核字（2020）第 222482 号

邮票鉴赏投资指南

岳宗武　主编

责任编辑	李龙姣
特约编辑	苑浩泰
装帧设计	鹏飞艺术
出版发行	江苏凤凰文艺出版社
	南京市中央路 165 号，邮编：210009
网　　址	http://www.jswenyi.com
印　　刷	济南新先锋彩印有限公司
开　　本	710 毫米 × 1000 毫米 1/16
印　　张	18.75
字　　数	280 千字
版　　次	2021 年 4 月第 1 版
印　　次	2021 年 4 月第 1 次印刷
书　　号	ISBN 978 - 7 - 5594 - 5383 - 9
定　　价	88.00 元

江苏凤凰文艺版图书凡印刷、装订错误，可向出版社调换，联系电话 025-83280257